现代职业教育汽车类专业一体化教材

汽车检测技术

主　编　姚道如　曾凡灵
副主编　闫寒乙　海争平
参　编　付　伟　卢明宇　陆昌年
　　　　杨丽群　段　伟

机　械　工　业　出　版　社

本书为"安徽省高水平高职教材",采用项目驱动、任务实施的形式编写,依据汽车检测站布局及检测线设置工位,主要设置8个项目,18个工作任务,主要内容包括:汽车检测站的认识、汽车动力性能检测、汽车经济性能检测、汽车制动性能检测、汽车操纵性能检测、汽车平顺和通过性能检测、汽车前照灯和车速表检测以及汽车综合性能检测。

本书内容新颖全面、使用大量检测图片、通俗易懂、易学好教,既可作为中高职衔接汽车检测技术专业学生的教学用书,又可作为高职汽车检测技术专业学生的教学用书,也可作为职业技能培训和从事相关专业人员的参考书。

为方便教学,本书配有电子课件、课后习题答案等教学资源。凡选用本书作为授课教材的教师均可登录www.cmpedu.com以教师身份注册、免费下载,或咨询电话:010-88379201。

图书在版编目(CIP)数据

汽车检测技术/姚道如,曾凡灵主编. —北京:机械工业出版社,2018.10(2024.1重印)
现代职业教育汽车类专业一体化教材
ISBN 978-7-111-61010-6

Ⅰ.①汽… Ⅱ.①姚… ②曾… Ⅲ.①汽车-故障检测-职业教育-教材 Ⅳ.①U472.9

中国版本图书馆CIP数据核字(2018)第221173号

机械工业出版社(北京市百万庄大街22号 邮政编码100037)
策划编辑:师 哲 责任编辑:师 哲 张丹丹
责任校对:张 薇 封面设计:张 静
责任印制:单爱军
北京虎彩文化传播有限公司印刷
2024年1月第1版第7次印刷
184mm×260mm・11.5印张・272千字
标准书号:ISBN 978-7-111-61010-6
定价:36.00元

电话服务 网络服务
客服电话:010-88361066 机 工 官 网:www.cmpbook.com
　　　　　010-88379833 机 工 官 博:weibo.com/cmp1952
　　　　　010-68326294 金 书 网:www.golden-book.com
封底无防伪标均为盗版 机工教育服务网:www.cmpedu.com

现代职业教育汽车类专业课程改革成果教材编写委员会

主　　任　朱国苗　姚道如

副 主 任　肖炳生　吴中斌　徐　黎
　　　　　杨柳青　葛学亮　钱　凤

委　　员　安宗权　张信群　王爱国　盛国超　李国彬
　　　　　徐腾达　曾凡玲　王　超　孙　旭　方习贵
　　　　　吴凤波　徐　辉　张秋华　徐　峰

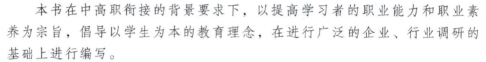

本书在中高职衔接的背景要求下,以提高学习者的职业能力和职业素养为宗旨,倡导以学生为本的教育理念,在进行广泛的企业、行业调研的基础上进行编写。

本书借鉴了德国职业教育的先进教学理念,把行业能力标准作为课程教学目标和鉴定标准,按照行业能力要求组织教学内容。在教材开发中充分体现"教学做"一体化的职业教育理念,贯穿"工作过程系统化"的项目课程开发思想,针对中职学生继续深造的学习特征设计教学活动。教学活动以汽车检测线为真实的工作场所,学生首先学习完成"任务"所必须掌握的理论知识;再完成任务实施来解决任务描述中的问题,从而培养学生分析问题和解决问题的能力,使学生在做中学、学中做。

本书根据汽车检测站职业需求和岗位要求设置教学任务,共包括8个项目18个教学任务,系统地从汽车的动力性、经济性、制动性、操纵稳定性、汽车平顺和通过性等使用性能介绍汽车检测标准、检测设备及原理、检测方法实施流程、检测评价及维修调整方法,具有较强的实践性。本书针对各个项目设定了情景任务,下面,对不同任务给出建议教学学时。

教学项目	教学任务		建议学时
项目一 汽车检测站的认识	任务一	国内外汽车检测技术发展现状及趋势	2
	任务二	汽车检测参数及国家标准	2
	任务三	汽车检测站类型、职能及工艺布局	4
项目二 汽车动力性能检测	任务一	发动机功率检测	4
	任务二	驱动轮输出功率检测	4
	任务三	汽车动力性路试检测	4
项目三 汽车经济性能检测	任务一	汽车油耗检验台检测	4
	任务二	汽车油耗路试检测	2
项目四 汽车制动性能检测	任 务	汽车制动性能台架及路试检测	6
项目五 汽车操纵性能检测	任务一	汽车转向系统性能检测	4
	任务二	汽车四轮定位检测	6
	任务三	汽车转向轮侧滑检测	4
项目六 汽车平顺和通过性能检测	任务一	汽车车轮平衡检测	6
	任务二	汽车悬架性能检测	4
项目七 汽车前照灯和车速表检测	任务一	前照灯检测	4
	任务二	车速表检测	4
项目八 汽车综合性能检测	任务一	汽车排放检测	4
	任务二	汽车噪声检测	4
总计学时			72

本书由姚道如、曾凡灵任主编，闫寒乙、海争平任副主编，曾凡灵负责全书的统稿。具体编写分工如下：项目一由安徽职业技术学院陆昌年编写；项目二、项目三由汉中职业技术学院闫寒乙编写；项目四由湖南交通职业技术学院海争平编写；项目五、项目六由安徽职业技术学院曾凡灵编写；项目七由安徽金寨职业学校付伟编写；项目八由安徽三联学院卢明宇编写。其他参与编写的还有安徽职业技术学院姚道如、安徽交通职业技术学院杨丽群、安徽水利水电职业技术学院段伟。

本书在编写过程中参考了大量的书籍并借鉴了汽车检测技术标准和相关培训资料，谨在此向其作者及资料提供者表示诚挚的谢意。

由于编者水平有限，书中不妥之处，恳请读者和专家批评、指正。

编　者

contents 目 录

前 言

项目一 汽车检测站的认识 ⋯⋯⋯⋯⋯⋯⋯⋯⋯⋯⋯⋯⋯⋯⋯⋯⋯⋯⋯ 1
  任务一 国内外汽车检测技术发展现状及趋势 ⋯⋯⋯⋯⋯⋯⋯ 2
  任务二 汽车检测参数及国家标准 ⋯⋯⋯⋯⋯⋯⋯⋯⋯⋯⋯⋯ 6
  任务三 汽车检测站类型、职能及工艺布局 ⋯⋯⋯⋯⋯⋯⋯⋯ 16
  练习与思考题 ⋯⋯⋯⋯⋯⋯⋯⋯⋯⋯⋯⋯⋯⋯⋯⋯⋯⋯⋯⋯⋯⋯ 26

项目二 汽车动力性能检测 ⋯⋯⋯⋯⋯⋯⋯⋯⋯⋯⋯⋯⋯⋯⋯⋯⋯⋯ 28
  任务一 发动机功率检测 ⋯⋯⋯⋯⋯⋯⋯⋯⋯⋯⋯⋯⋯⋯⋯⋯ 29
  任务二 驱动轮输出功率检测 ⋯⋯⋯⋯⋯⋯⋯⋯⋯⋯⋯⋯⋯⋯ 38
  任务三 汽车动力性路试检测 ⋯⋯⋯⋯⋯⋯⋯⋯⋯⋯⋯⋯⋯⋯ 47
  练习与思考题 ⋯⋯⋯⋯⋯⋯⋯⋯⋯⋯⋯⋯⋯⋯⋯⋯⋯⋯⋯⋯⋯⋯ 53

项目三 汽车经济性能检测 ⋯⋯⋯⋯⋯⋯⋯⋯⋯⋯⋯⋯⋯⋯⋯⋯⋯⋯ 54
  任务一 汽车油耗检验台检测 ⋯⋯⋯⋯⋯⋯⋯⋯⋯⋯⋯⋯⋯⋯ 55
  任务二 汽车油耗路试检测 ⋯⋯⋯⋯⋯⋯⋯⋯⋯⋯⋯⋯⋯⋯⋯ 62
  练习与思考题 ⋯⋯⋯⋯⋯⋯⋯⋯⋯⋯⋯⋯⋯⋯⋯⋯⋯⋯⋯⋯⋯⋯ 66

项目四 汽车制动性能检测 ⋯⋯⋯⋯⋯⋯⋯⋯⋯⋯⋯⋯⋯⋯⋯⋯⋯⋯ 68
  任务 汽车制动性能台架及路试检测 ⋯⋯⋯⋯⋯⋯⋯⋯⋯⋯⋯ 69
  练习与思考题 ⋯⋯⋯⋯⋯⋯⋯⋯⋯⋯⋯⋯⋯⋯⋯⋯⋯⋯⋯⋯⋯⋯ 84

项目五 汽车操纵性能检测 ⋯⋯⋯⋯⋯⋯⋯⋯⋯⋯⋯⋯⋯⋯⋯⋯⋯⋯ 86
  任务一 汽车转向系统性能检测 ⋯⋯⋯⋯⋯⋯⋯⋯⋯⋯⋯⋯⋯ 87
  任务二 汽车四轮定位检测 ⋯⋯⋯⋯⋯⋯⋯⋯⋯⋯⋯⋯⋯⋯⋯ 92
  任务三 汽车转向轮侧滑检测 ⋯⋯⋯⋯⋯⋯⋯⋯⋯⋯⋯⋯⋯⋯ 102
  练习与思考题 ⋯⋯⋯⋯⋯⋯⋯⋯⋯⋯⋯⋯⋯⋯⋯⋯⋯⋯⋯⋯⋯⋯ 108

项目六 汽车平顺和通过性能检测 ⋯⋯⋯⋯⋯⋯⋯⋯⋯⋯⋯⋯⋯⋯ 110
  任务一 汽车车轮平衡检测 ⋯⋯⋯⋯⋯⋯⋯⋯⋯⋯⋯⋯⋯⋯⋯ 111
  任务二 汽车悬架性能检测 ⋯⋯⋯⋯⋯⋯⋯⋯⋯⋯⋯⋯⋯⋯⋯ 121
  练习与思考题 ⋯⋯⋯⋯⋯⋯⋯⋯⋯⋯⋯⋯⋯⋯⋯⋯⋯⋯⋯⋯⋯⋯ 127

项目七 汽车前照灯和车速表检测 ⋯⋯⋯⋯⋯⋯⋯⋯⋯⋯⋯⋯⋯⋯ 129
  任务一 前照灯检测 ⋯⋯⋯⋯⋯⋯⋯⋯⋯⋯⋯⋯⋯⋯⋯⋯⋯⋯ 130

　　　　任务二　车速表检测 …………………………… 141
　　　　练习与思考题 ……………………………………… 150
项目八　汽车综合性能检测 ………………………… **151**
　　　　任务一　汽车排放检测 …………………………… 152
　　　　任务二　汽车噪声检测 …………………………… 165
　　　　练习与思考题 ……………………………………… 174
参考文献 ……………………………………………… **176**

项目一
汽车检测站的认识

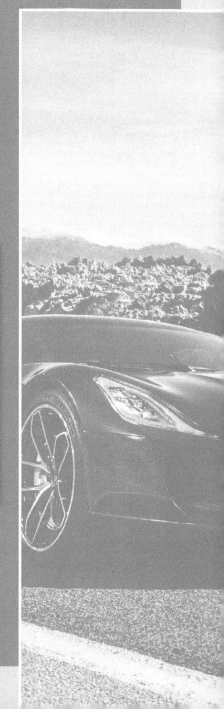

任务一 国内外汽车检测技术发展现状及趋势

1. 了解汽车检测技术含义及特征；
2. 了解汽车检测技术发展历程及趋势；
3. 掌握目前我国机动车年检年限规定。

2017 年底，我国汽车保有量已增至 3.1 亿辆，现阶段汽车保有量还不断增加，汽车检测技术越来越受到关注。汽车检测技术对汽车行业的发展以及车辆安全、稳定运行都具有重要意义。

一、汽车检测技术概述

随着科学技术的进步，汽车检测技术也飞速发展，传统的检测方法已不能满足现代汽车检测需要，其他领域新技术的发展渗透也促进了汽车检测设备与手段的更新发展。目前人们已能依靠各种先进仪器设备，对汽车进行综合检测诊断，而且具有自动控制检测过程、自动采集检测数据等功能，使检测诊断过程更安全、更快捷和更准确。

二、国内外汽车检测技术发展概况

1. 国外汽车检测技术发展概况

早在 20 世纪中叶，工业化发达的国家就形成了以故障诊断和性能调试为主的单项检测技术和设备。随着汽车技术的进步，国外汽车检测技术快速发展，并且大量应用了声学、光学、电子技术、物理、化学和机械相结合的检测技术。例如，非接触式车速仪、前照灯检测仪和废气分析仪等就是应用这些技术的产物。20 世纪 80 年代，随着计算机技术的发展，出现了汽车检测数据采集处理自动化、检测结果直接打印等多功能的汽车检测仪器设备。在此基础上，为了加强汽车管理，各工业发达国家相继建立了汽车检测站，使汽车检测制度化。他们有一整套的标准和量化指标，对检测设备的性能、精度和具体结构都有严格的规范；对设备的使用周期、技术更新等都做了具体要求。目前国外在汽车检测线上正投入使用的检测和诊断系统，实现了检测、信号采集、处理、打印以及车辆调度一体化，实现了完全自动化汽车检测过程。

2. 国内汽车检测技术发展概况

我国从20世纪60年代开始研究汽车检测技术，为满足汽车维修需要，当时交通运输部主持进行了发动机气缸漏气量检测仪、点火正时灯检测仪等检测设备的研究和开发。

20世纪70年代，我国大力发展了汽车检测技术，汽车不解体检测技术及设备被列为国家的开发应用项目。由交通运输部主持研制开发了反力式汽车制动试验台、惯性式汽车制动试验台、发动机综合检测仪、汽车性能综合检验台（具有制动性检测、底盘测功、速度测试等功能）。当时国内仅能生产少量的简单的检测和诊断设备。

进入20世纪80年代，随着国民经济的发展，我国的汽车制造业和公路交通运输业发展迅猛，对汽车检测诊断技术和设备的需求也与日俱增，故此促进了汽车诊断和检测技术的发展。交通运输部主持研制开发了汽车制动试验台、侧滑试验台、轴（轮）重仪、速度试验台、灯光检测仪、发动机综合分析仪和底盘测功机等。随后在单台检测设备研制成功的基础上，为了保证汽车技术状况良好，加强在用汽车的技术管理，充分发挥汽车检测设备的使用，交通运输部在大连市建立了国内第一个汽车检测站。检测内容以汽车安全性检测为主。继大连检测站之后，作为"六五"科技项目，交通运输部先后要求10多个省市、自治区交通厅（局）筹建汽车检测站，仅1990年底统计，全国已有汽车检测站600多个，初步形成了全国的汽车检测网。

迈入20世纪90年代，交通运输部发布《汽车运输业车辆技术管理规定》《汽车运输业车辆综合性能检测站管理办法》，随后全国又掀起了建设汽车综合性能检测站的高潮。1990年~1997年，全国已建立汽车综合性能检测站近千家。同时，汽车的检测技术和设备也得到了大力发展。至此，我国已具有自己生产全套汽车检测设备的能力。

三、我国汽车综合性能检测技术发展趋势

在充分肯定国内汽车检测行业发展现状的同时，与国外先进检测技术进行对比后发现，我们国家汽车检测技术应该在汽车检测技术条件规范化、检测设备管理网络化、检测设备智能化和检测人员专业化等方面进行提升完善。

1. 实现汽车检测制度化和标准化

我国应该加强法制化建设。汽车检测涉及的利益群体面广、量大，坚持以优质服务、秉公办事，争取被全社会广泛认可，最大限度地获取社会效益，对汽车检测行业的发展极为重要。要加强制度建设，设置警示"高压线"，动真碰硬，避免检测人员违规。要建立、健全内、外监督体制，形成层层防范局面，消除检测人员的侥幸心理，使他们不敢违规。

例如《广东省汽车综合性能检测站技术要求（暂行）》对检测站的管理控制系统、检测项目、检测仪器设备、环境场地和人员配备等都做出了明确规定。技术条件如下：

1）按大、小车型分线检测的原则（条件受限制的老站可按大、小车混合线布置）。

2）符合国家标准《汽车综合性能检测站通用技术条件》（GB/T 17993—2005）及广东省交通厅颁发的"广东省汽车运输业车辆综合性能检测站基本条件"A级站条件。

3）检测能力应能满足国家标准《汽车维护、检测、诊断技术规范》（GB/T 18344—2016）、《道路运输车辆综合性能要求和检验方法》（GB 18565—2016）的要求。

4）计算机管理控制系统应符合国家、行业有关标准以及各市运政信息管理系统的要求。

5）检测车间的消防、防雷设施应符合国家有关标准要求。

6）设置对外业务大厅，为客户提供休息场所；业务大厅应设置检测监控系统，为客户实时提供检测结果，接受客户的监督。由于技术条件明确，检测站升级改造后都较规范，减少了检测中人为因素及设备因素的影响，从而保证了车辆检测数据的完整性、真实性和统一性。

在国外，车辆排放控制措施主要是通过车检维护制度来实现的。这一制度包括各种车辆管理机构例行年检，车辆使用者定期检查和维护等，具体情况可因国家、城市不同而异。发达国家的汽车检测有一整套标准，受检车辆的技术状况要以标准中的数据为准则。检测结果有量化指标，避免了主观上的误差。由于实现了检测工作的制度化、检测技术的标准化，不仅提高了检测效率，也保证了检测质量。

2. 汽车检测设备管理的网络化

目前国内的汽车检测站已经被要求实现计算机联网自动控制，但这种计算机控制仅仅在各站内部实现了网络化。随着通信技术和管理的发展，今后汽车综合性能检测必将向网络化方向普及。

汽车综合性能检测站担负着汽车动力性、经济性、可靠性和安全环保等方面的检测，检测项目多且有深度，能为汽车使用、维修、科研、教学和设计等部门提供可靠的技术依据。汽车综合性能检测只有向网络化发展，才能实现信息资源、硬软件资源共享，极大程度地提高管理效率。当然，这需要相当长的路，可以分段来走。先在汽车检测行业统一数据接口，推广站内局域网，然后在站内局域网已经或接近普及的地区建立地市级广域网，进而在地市级广域网比较普及的地区建立省市级广域网，在此基础上利用信息高速公路将全国的汽车检测站连成一个网，在全国范围内实现信息资源、硬件资源和软件资源的共享，让各级主管部门可以即时了解各地区车辆的技术状况。

3. 汽车检测设备智能化

目前，汽车综合性能检测站配置的主要检测设备有底盘测功机、车速试验台、烟度计、不透光烟度计、废气分析仪、前照灯仪、制动试验台和前轮定位仪等。这些设备目前在国内较先进，但随着汽车工业的快速发展，如果汽车检测项目不逐步完善、检测设备不升级换代，就满足不了发展的需要。目前，汽车上所有的传感器均从机械式变成电子式，控制方式也由继电器控制转为计算机控制。因此，国内检测设备生产行业要进一步加大开发研制的投入，建立和改进一批技术开发研究中心，广泛应用计算机技术，高科技显示技术，高精度传感器技术以及电子、光学、声学、理化、机械等多种原理相结合的一体化技术等，促进汽车检测设备向精密化、数字化、自动化、智能化、综合化和专家系统化方向发展。

4. 检测方法更新，促成检测效率提高

根据服务功能的不同，汽车检测站可以分为安全环保检测站、维修诊断检测站和综合性能检测站等不同类型。与其他类型的检测站相比，综合性能检测站需要检测的项目较多，完成检测过程需要的时间较长，所以对提高检测效率的期望更加迫切。因此，从

事或热心汽车综合性能检测事业的单位和人士，有必要加倍努力、刻苦钻研，从改善工艺布局、改善装备配置、改善控制程序、改善检测手段等方面入手，在确保检测质量的前提下，优化检测过程，缩短检测时间，不断提高检测效率。

5. 检测人员专业化

目前，大部分综合性能检测站的检测人员专业素质不高，这与汽车技术快速发展，检测设备仪器向网络化、智能化方向发展不相适应。检测站的检测人员只有不断加强学习，通过输送检测人员到大专院校深造，以及加强同行之间的观摩、交流，使所有检测人员都能及时掌握各种检测仪器的操作规程，向专业化方向发展，才能适应形势发展的需要。

"2017年机动车年检新规定"认识

1）小型、微型非营运载客汽车，6年以内的，每2年检验1次；超过6年的，每年检验1次；超过15年的，每年检验2次。

2）营运载客汽车5年以内每年检验1次；超过5年的，每6个月检验1次。

3）载货汽车和大型、中型非营运载客汽车，10年以内每年检验1次；超过10年的，每6个月检验1次。

4）摩托车4年以内的，每2年检验1次；超过4年的，每年检验1次。

5）机动车年审时间根据新车入户的时间而定，如机动车行驶证的登记初始日期是2007年6月，那么，车辆年检的时间就是每年6月。另外，机动车所有人可以在机动车检验有效期满前三个月内向登记地车辆管理所申请检验合格标志，也就是说如6月参加年审的车辆，可在4、5、6月前往检测线参加年检。

评价反馈

考核项目	评分标准	分值	小组互评（50%）	教师评价（50%）	小计
汽车检测技术含义	能叙述	15			
汽车检测技术特征	能完整叙述	15			
汽车检测技术发展趋势	能叙述	10			
汽车年检年限规定	能完整叙述	10			
上网检索汽车检测技术发展历程及趋势相关知识	能熟练检索	10			
活动参与	是否积极主动	10			
课堂纪律	是否严格遵守	10			
团队合作	是否和谐	10			
现场7S	是否进行	10			
总评：		100			

教师签名：_____　　　　　　　　　　_____年_____月_____日

任务二 汽车检测参数及国家标准

1. 掌握汽车检测技术的基本概念；
2. 掌握汽车检测的常见类型；
3. 掌握汽车检测诊断参数；
4. 熟练掌握汽车检测最佳诊断周期的确定方法；
5. 熟悉汽车检测常用的各类国家标准、地方标准、企业标准。

汽车检测参数是检测过程显示车辆状态的重要数据，国家法规制度是评定参数是否合理的制度。通过本任务的学习，可了解国家相关的检测制度及重要评定参数，培养学生对汽车检测认知的能力。

一、汽车检测技术基本概念

汽车检测过程，涉及以下基本概念，下面进行具体介绍：

（1）汽车工作性能 汽车工作性能是汽车动力性、经济性、工作可靠性及安全环保等性能的总称。

（2）汽车技术状况 汽车技术状况是指定量测得表征某一时刻汽车外观和性能参数值的总和。

（3）汽车检测 汽车检测是指为确定汽车技术状况或工作性能所进行的检查和测量。

（4）汽车故障 汽车故障是指汽车部分或完全丧失工作能力的现象。

（5）汽车故障率 汽车故障率指使用到某行驶里程的汽车，在单位行驶里程内发生故障的概率。

（6）汽车故障诊断 汽车故障诊断指在不解体的情况下，确定汽车的技术状况，查明故障部位及故障原因的汽车应用技术。

（7）汽车故障变化规律 汽车故障变化规律是指汽车的故障率随行驶里程的变化规律。

（8）汽车故障分析 汽车故障分析是指根据汽车的故障现象，通过检测、分析和推理判断，确定故障原因和故障部位。

（9）汽车检测诊断参数 汽车检测诊断参数是指供检测诊断用的，表征汽车、总成及机构技术状况的量。

(10) 诊断周期　诊断周期是指以行驶里程或使用时间表示的汽车检测诊断的间隔期。

二、汽车检测的类型

汽车检测有多种分类方法，通常按汽车构成及检测线的功能进行分类。

1. 按汽车构成分类

(1) 整车检测　整车检测主要包括底盘输出功率的检测、汽车排放污染物的检测、车速表校验、汽车噪声的检测、前照灯检验、汽车防雨密封性试验和汽车外观检视七个方面的内容。

(2) 发动机检测　发动机检测主要包括发动机功率、燃油消耗量、发动机密封性能、发动机异响、起动系统技术状况、点火系统技术状况、供油系统技术状况、润滑系统技术状况和冷却系统技术状况九个方面的内容。

(3) 底盘及车身检测　底盘及车身检测主要包括传动系统技术状况、转向系统技术状况、制动系统技术状况、行驶系统技术状况和轿车车身整形定位五个方面的内容。

2. 按汽车检测线的服务功能分类

(1) 汽车安全性能检测　汽车安全性能检测是指对汽车的外观、安全性能和环保性能进行全面的检测，主要包括汽车侧滑、转向、制动、前照灯、噪声和尾气排放状况，确定其是否合格。安全性检测线用于汽车年审检测，为公安交警部门要求；环保尾气检测线用于机动车尾气排放物检测，为环保部门要求。

(2) 汽车综合性能检测　汽车综合性能检测是指对汽车的工作能力和技术状况进行全面的检测，同时对不合格项目进行诊断，从而查明故障原因和故障部位。综合性能检测线用于营运车辆定期检测，为交通维修管理部门要求。

三、汽车检测诊断参数

检测、诊断参数是汽车诊断技术的重要组成部分，可表征汽车、汽车总成及机构。汽车的检测与诊断是确定汽车技术状况的技术，不仅要求有完善的检测、分析、判断的手段和方法，而且必须选择合适的诊断参数，确定合理的诊断参数标准和最佳诊断周期。诊断参数、诊断参数标准和最佳诊断周期是从事汽车检测诊断工作必须掌握的基础知识。

1. 检测诊断参数

汽车检测诊断参数包括工作过程参数、伴随过程参数和几何尺寸参数。

(1) 工作过程参数　工作过程参数是汽车或汽车总成在工作过程中输出的一些可供测量的物理量和化学量，如，发动机功率、汽车燃料消耗量、制动距离或制动力。当汽车不工作时，工作过程参数无法测量。

(2) 伴随过程参数　伴随过程参数是伴随工作过程输出的一些可测量，如振动、噪声、异响和温度等。这些参数可提供诊断对象的局部信息，常用于复杂系统的深入诊断。当汽车不工作时，无法测量该参数。

(3) 几何尺寸参数　几何尺寸参数可提供总成或机构中配合零件之间或独立零件的技术状况，如配合间隙、自由行程、圆度、圆柱度、轴向圆跳动和径向圆跳动等。这些参数虽提供的信息量有限，但却能表征诊断对象的具体状态。

国家法规规定的常用汽车检测诊断参数见表 1-1。

表 1-1　国家法规规定的常用汽车检测诊断参数

诊断对象	诊断参数	诊断对象	诊断参数
汽车整体	最高车速	曲柄连杆机构	气缸压力
	加速时间		气缸漏气量
	最大爬坡度		气缸漏气率
	驱动车轮输出功率		曲轴箱漏气量
	驱动车轮驱动力		进气管真空度
	汽车燃料消耗量	配气机构	气门间隙
	汽车侧倾稳定角		配气相位
	CO 排放量	点火系统	断电器触点间隙
	HC 排放量		断电器触点闭合角
	NO_x 排放量		点火波形重叠角
	CO_2 排放量		点火提前角
	O_2 排放量		火花塞间隙
	柴油车自由加速烟度		各缸点火电压值
汽油机供给系统	空燃比		各缸点火电压短路值
	燃油泵出口关闭压力		点火系统最高电压值
	供油系统供油压力		火花塞加速特性值
	喷油器喷油压力	冷却系统	冷却液温度
	喷油器喷油量		冷却液液面高度
	喷油器喷油不均匀度		风扇传动带张紧力
柴油机供油系统	输油泵输油压力		风扇离合器离合温度
	喷油泵高压油管最高压力	润滑系统	机油压力
	喷油泵高压油管残余压力		油底壳油面高度
	喷油器针阀开启压力		机油温度
	喷油器针阀关闭压力		机油消耗量
	喷油器针阀升程		理化性能指标变化量
	各缸喷油器喷油量		洁净性系数 K 的变化量
	各缸喷油器喷油不均匀度		介电常数的变化量
	供油提前角		金属微粒含量
	喷油提前角	传动系统	传动系统游动角度
发动机总成	额定转速		传动系统功率损失
	怠速转速		机械传动效率
	发动机功率		总成工作温度
	发动机燃料消耗量	转向系统	车轮侧滑量
	单缸断火(油)转速下降值		车轮前束值
	排气温度		车轮外倾角

（续）

诊断对象	诊断参数	诊断对象	诊断参数
转向系统	主销后倾角	制动系统	制动完全释放时间
	主销内倾角	行驶系统	车轮静不平衡量
	转向轮最大转向角		车轮动不平衡量
	最小转弯直径		车轮轴向圆跳动量
	转向盘自由转动量		车轮径向圆跳动量
	转向盘最大转向力		轮胎胎面花纹深度
制动系统	制动距离	其他	前照灯发光强度
	制动减速度		前照灯光束照射位置
	制动力		车速表示值误差值
	制动拖滞力		喇叭声级
	驻车制动力		客车车内噪声
	制动时间		驾驶人耳旁噪声
	制动协调时间		

2. 检测诊断参数的选择原则

为了保证诊断结果的可信性和准确性，在选择诊断参数时应遵循以下原则：

（1）灵敏性　灵敏性也称为灵敏度，是指诊断对象的技术状况在从正常状态到进入故障状态之前的整个使用期内，诊断参数相对于技术状况参数的变化率。当选用灵敏性高的诊断参数诊断汽车的技术状况时，可使诊断的可靠性提高。

（2）单值性　单值性是指诊断对象的技术状况参数从开始值变化到终了值的范围内，它没有极值。否则对应于同一个检测、诊断参数值，会出现两种技术状况参数，使得汽车技术状况无法判断。

（3）稳定性　稳定性是指在相同的测试条件下，多次测得同一诊断参数的测量值，具有良好的一致性（重复性）。诊断参数的稳定性越好，其测量值的离散度越小。稳定性不好的诊断参数，其灵敏性也低，可靠性差。

（4）信息性　信息性是指诊断参数对汽车技术状况具有的表征性。表征性好的诊断参数，能揭示汽车技术状况的特征和现象，反映汽车技术状况的全部情况。诊断参数的信息性越好，包含汽车技术状况的信息量越多，得出的诊断结论越可靠。

（5）经济性　经济性是指获得诊断参数的测量值所需要的诊断作业费用的多少，包括人力、工时、场地、仪器、设备和能源消耗等项费用。经济性高的诊断参数，所需要的诊断作业费用低。

四、汽车检测参数标准

为了定量地评价汽车、总成及机构的技术状况，确定维修的范围和深度，预报无故障工作里程，必须建立诊断参数标准，提供一个比较尺度，这样，在检测到诊断参数值后与诊断参数标准值对照，即可确定汽车是继续运行还是要进行维修。

1. 检测诊断参数标准的分类

汽车诊断参数标准与其他标准一样，分为国家标准、行业标准、地方标准和企业标准四类。

（1）国家标准　国家标准是国家制定的标准，冠以中华人民共和国国家标准（GB）字样（如 GB 18565—2016《道路运输车辆综合性能要求和检验方法》）。国家标准一般由某行业部委提出，由国家质量监督检验检疫总局发布，具有强制性和权威性，如：GB 21861—2014《机动车安全技术检验项目和方法》、GB 7258—2017《机动车运行安全技术条件》均为国家标准。

（2）行业标准　行业标准也称为部委标准，是部级制定并发布的标准，在部委系统内或行业系统内贯彻执行，一般冠以中华人民共和国某行业标准，如：JT/T 1094—2016《营运客车安全技术条件》为交通行业标准。

（3）地方标准　地方标准是省级、市地级、县级制定并发布的标准。在地方范围内贯彻执行，也在一定范围内具有强制性和权威性。地方标准中的限值可能比上级标准中的限值要求更严格。

（4）企业标准　企业标准包括汽车制造厂推荐的标准、汽车运输企业和汽车维修企业内部制定的标准、检测仪器设备制造厂推荐的参考性标准三种类型。

汽车制造厂推荐的标准是汽车制造厂在汽车使用说明书中公布的汽车使用性能参数、结构参数、调整数据和使用极限等，可以把它们作为诊断参数标准来使用。该类标准是汽车制造厂根据设计要求、制造水平，为保证汽车的使用性能和技术状况而制定的。

汽车运输企业和汽车维修企业内部制定的标准只在企业内部贯彻执行。企业标准需达到国家标准和上级标准的要求，同时允许超过国家标准和上级标准的要求。

检测仪器设备制造厂推荐的参考性标准是检测仪器设备制造厂，在尚无国家标准和行业标准的情况下制定的，作为参考性标准，以判断汽车、总成及机构的技术状况。

2. 检测诊断参数标准组成

诊断参数标准一般由初始值、许用值和极限值三部分组成。

（1）初始值　初始值相当于无故障新车和大修车诊断参数值的大小，往往是最佳值，可作为新车和大修车的诊断标准。当诊断参数测量值处于初始值范围内时，表明诊断对象技术状况良好，无须维修便可继续运行。

（2）许用值　诊断参数测量值若在许用值范围内，则诊断对象技术状况虽发生变化，但尚属正常，无须修理，按要求维护即可继续运行，超过此值，应及时进行修理。

（3）极限值　若测量值超过极限值诊断参数后，诊断对象技术状况严重恶化，汽车需立即停驶修理。此时，汽车的动力性、经济性和排放性大大降低，行驶安全得不到保证，有关机件磨损严重，甚至可能发生机械事故。

随着经济的发展和技术的进步，诊断参数标准将会不断修正，在使用各类标准时，应及时采用最新的版本。

五、汽车最佳诊断周期

汽车诊断周期的确定，应满足技术和经济两方面的条件，获得最佳诊断周期。最佳诊断周期，是能保证车辆的完好率最高而消耗的费用最少的诊断周期。

确定最佳诊断周期的工作是非常重要的，它既能使车辆在无故障状态下运行，又能使我国维修制度中"定期检测、强制维护、视情修理"的费用降至最低，因此要在"定期"上做好文章。

1. 制定最佳诊断周期应考虑的因素

（1）汽车技术状况　汽车技术状况是指在汽车新旧程度不一、行驶里程不一、技术状况等级不一，甚至还有使用性能、结构特点、故障规律、配件质量不一等情况下，制定的最佳诊断周期显然也不会一样。新车、大修车后的车辆，其最佳诊断周期长，反之则短。

（2）汽车使用条件　汽车使用条件包括气候条件、道路条件、装载条件、驾驶技术、是否拖挂、燃油、润滑油质量等。气候恶劣、道路状况差、经常重载、驾驶技术不佳、拖挂行驶、燃油、润滑油质量得不到保障的汽车，其最佳诊断周期短，反之则长。

（3）费用　费用包括检测诊断、维护修理、停驶损耗的费用。若使检测诊断、维护修理费用降低，则应使最佳诊断周期延长，但汽车因故障停驶的损耗费用增加；若使停驶损耗的费用降低，则应使最佳诊断周期缩短，但检测诊断、维护修理的费用增加。

2. 制定最佳诊断周期的方法

根据交通运输部《汽车运输业车辆技术管理规定》，汽车实行"定期检测、强制维护、视情修理"的制度。该规定要求车辆二级维护前应进行检测诊断和技术评定，根据结果，确定附加作业或修理项目，结合二级维护一并进行。《汽车运输业车辆技术管理规定》又指出，车辆修理应贯彻"视情修理"的原则，既要防止拖延修理造成车况恶化，又要防止提前修理造成浪费。

二级维护前和车辆大修前都要进行检测诊断，其中，大修前的检测诊断，一般在大修间隔里程即将结束时结合二级维护前的检测诊断进行。既然规定在二级维护前进行检测诊断，则二级维护周期就是我国目前的最佳诊断周期。

我国机动车检测主要相关标准及法规认识

目前，机动车检测相关法规标准数量众多，编者根据相关资料进行了整理汇编，供汽车检测技术人员学习参考。

1. 法规标准分类

（1）法规文件　收集机动车检测有关部门法规和文件。

（2）方法标准　收集机动车检测有关项目、方法和合格性评价标准。

（3）产品标准　产品标准是指对检测设备制造制定的产品制造标准。

（4）计量标准　计量标准是指技术监督部门对检测设备定期检验用标准。它应该是根据产品制造标准中对设备检测精度的相关要求，专门制定的定期检验技术要求和检验方法。

2. 汽车检测分类

目前我国汽车检测主要包括安全性能检测、综合性能检测和环保性能检测三大类，分属公安部、交通部和环保局监管。

（1）安全性能检测　安全性能检测属公安监管，对所有社会车辆实施年检和事故检等，检测项目如下：

安全项目：包括速度表检验、制动检验、侧滑检验和前照灯检验，环保项目：包括机动车尾气排放和喇叭噪声，外检项目：包括车身、底盘和动态检验，检测项目与方法：执行 GB 21861—2014《机动车安全技术检验项目和方法》，检测标准：执行 GB 7258—2017《机动车运行安全技术条件》。

（2）综合性能检测　综合性能检测属交通监管，对所有营运车辆实施二级维护和技术等级评定等检测，检测项目如下：

检测项目有外检、安全、环保、动力性、经济性和可靠性等；检测项目、方法、标准，执行 GB 18565—2016《道路运输车辆综合性能要求和检验方法》，部分引用 GB 7258—2017；联网标准：采用 JT/T 478—2017《汽车检测站计算机控制系统技术规范》；技术等级评定：执行 JT/T 198—2016《营运车辆技术等级划分和评定要求》；建站能力要求：按照 GB/T 17993—2005《汽车综合性能检测站能力的通用要求》。

（3）环保性能检测　环保性能检测属环保局监管，用工况法或尾气双怠速法等检测机动车排放。

执行标准：按照 GB 18285—2005、GB 3847—2005 等，见本文引用的各有关机动车排放的标准。

3. 汽车检测用标准

（1）法规文件

1)《中华人民共和国道路交通安全法》。

2)《中华人民共和国道路交通安全法实施条例》。

3)《中华人民共和国依法管理的计量器具目录（型式批准部分）》（国家质检总局［2005］145号）。

4)《机动车登记规定》（公安部令【2008】第102号）。

5)《机动车安全技术检验机构监督管理办法》（国家质检总局［2009］121号）。

6)《关于进一步加强机动车安全技术检验机构和机动车安全技术检验工作监管的通知》（国质检监联［2010］126号）。

7)《关于印发交警系统推进社会管理创新工作措施的通知》（公交管［2010］201号）。

8)《关于印发交警系统落实社会管理创新九项措施任务分解的通知》（公交管［2010］238号）。

9)《道路运输车辆燃料消耗量检测和监督管理办法》（交通部令［2009］11号）。

（2）方法标准

1) 安全检测标准。

GB 7258—2017《机动车运行安全技术条件》

GB 21861—2014《机动车安全技术检验项目和方法》

GB/T 26765—2011《机动车安全技术检验业务信息系统及联网规范》

2）排放检测标准。

GB 18285—2005《点燃式发动机汽车排气污染物排放限值及测量方法（双怠速法及简易工况法）》

GB 3847—2005《车用压燃式发动机和压燃式发动机汽车排气烟度排放限值及测量方法》

GB 14621—2011《摩托车和轻便摩托车排气污染物排放限值及测量方法（双怠速法）》

GB 19758—2005《摩托车和轻便摩托车排气烟度排放限值及测量方法》

GB 18322—2002《农用运输车自由加速烟度排放限值及测量方法》

HJ/T 240—2005《确定点燃式发动机在用汽车简易工况法排汽污染物排放限值的原则和方法》

HJ/T 241—2005《确定压燃式发动机在用汽车加载减速法排气烟度排放限值的原则和方法》

3）综合性能检测标准。

GB 18565—2016《道路运输车辆综合性能要求和检验方法》

GB/T 17993—2005《汽车综合性能检测站能力的通用要求》

JT/T 478—2017《汽车检测站计算机控制系统技术规范》

JT/T 198—2016《营运车辆技术等级划分和评定要求》

GB/T 18344—2016《汽车维护、检测、诊断技术规范》

GB/T 18276—2000《汽车动力性台架试验方法和评价指标》

QC/T 476—2007《客车防雨密封性限值及试验方法》

JT/T 510—2004《汽车防抱制动系统检测技术条件》

GB/T 16739.1—2014《汽车维修业开业条件　第1部分：汽车整车维修企业》

GB/T 16739.2—2014《汽车维修业开业条件　第2部分：汽车专项维修业户》

JT/T 711—2016《营运客车燃料消耗量限值及测量方法》

JT/T 719—2016《营运货车燃料消耗量限值及测量方法》

GB/T 18566—2011《道路运输车辆燃料消耗量检测评价方法》

（3）检测仪器设备产品标准

1）安全检测设备标准。

JT/T 507—2004《汽车侧滑检验台》

JT/T 508—2015《机动车前照灯检测仪》

GB/T 13564—2005《滚筒反力式汽车制动检验台》

GB/T 13563—2007《滚筒式汽车车速表检验台》

JT/T 633—2005《汽车悬架转向系间隙检查仪》

GB/T 28945—2012《便携式制动性能测试仪》

GB/T 28946—2012《移动式摩托车安全技术检测线》

GB/T 28529—2012《平板式制动检验台》

2）排放检测设备标准。

JT/T 386—2004《汽车排气分析仪》

JT/T 506—2004《不透光烟度计》

HJ/T 289—2006《汽油车双怠速法排气污染物测量设备技术要求》

HJ/T 291—2006《汽油车稳态工况法排气污染物测量设备技术要求》

HJ/T 290—2006《汽油车简易瞬态工况法排气污染物测量设备技术要求》

HJ/T 292—2006《柴油车加载减速工况法排气烟度测量设备技术要求》

HJ/T 395—2007《压燃式发动机汽车自由加速法法排气烟度测量设备技术要求》

HJ/T 396—2007《点燃式发动机汽车瞬态工况法排气污染物测量设备技术要求》

3）综合性能设备检测。

JT/T 445—2008《汽车底盘测功机》

JT/T 448—2001《汽车悬架装置检测台》

JT/T 503—2004《汽车发动机综合检测仪》

JT/T 504—2004《前轮定位仪》

JT/T 505—2004《四轮定位仪》

JT/T 632—2005《汽车故障电脑诊断仪》

JT/T 638—2005《汽车发动机电喷嘴清洗检测仪》

JT/T 634—2005《汽车前轮转向角检验台》

JT/T 649—2006《多功能汽车制动性能检测台》

（4）计量标准　JJG 是指国家计量检定规程。在计量检定时对计量器具的适用范围、计量特性、检定项目、检定条件、检定方法、检定周期以及检定数据处理等做出技术规定。

JJF 是指国家计量校准规范，指国家计量检定系统和国家计量检定规程所不能包含的其他具综合性、基础性的计量技术要求和技术管理方面的规定。

1）安全检测标准。

JJG 745—2016《机动车前照灯检测仪检定规程》

JJG 1014—2006《机动车检测专用轴（轮）重仪检定规程》

JJG 906—2015《滚筒反力式制动检验台检定规程》

JJG 908—2009《汽车侧滑检验台检定规程》

JJG 909—2009《滚筒式车速表检验台检定规程》

JJG 1020—2007《平板式制动检验台检定规程》

JJF 1169—2007《汽车制动操纵力计校准规范》

JJG 188—2002《声级计检定规程》

JJG 910—2012《摩托车轮偏检测仪》

JJF 1196—2008《机动车方向盘转向力-转向角检测仪校准规范》

JJF 1168—2007《便携式制动性能测试仪校准规范》

JJF 1193—2008《非接触式汽车速度计校准规范》

JJG 144—2007《标准测力仪检定规程》

JJF 1225—2009《汽车用透光率计校准规范》

2）排放检测标准。

JJG 847—2011《滤纸式烟度计检定规程》

JJG 976—2010《透射式烟度计检定规程》

JJG 688—2007《汽车排放气体测试仪检定规程》

JJF 1221—2009《汽车排气污染物监测用底盘测功机校准规范》

JJF 1227—2009《汽油车稳态加载污染物排放检测系统校准规范》

3）综合性能检测。

JJF 1141—2006《汽车转向角检验台校准规范》

JJG 653—2003《测功装置检定规程》

JJF 1151—2006《车轮动平衡机校准规范》

JJF 1154—2014《四轮定位仪校准规范》

JJF 1192—2008《汽车悬架装置检测台校准规范》

JJG（交通）009—1996《四活塞联动式油耗仪检定规程》

JJG（交通）012—2005《汽车发动机曲轴箱窜气量测量仪检定规程》

JJG（交通）013—2005《汽车发动机检测仪检定规程》

（5）其他标准

GB/T 27025—2008《检测和校准实验室能力的通用要求》

评价反馈

考核项目	评分标准	分值	小组互评（50%）	教师评价（50%）	小计
汽车检测技术相关概念	能叙述	10			
汽车检测类型	能完整叙述	10			
汽车检测诊断参数	能叙述	10			
汽车检测参数标准类型	能叙述	10			
汽车检测诊断参数的选择原则	会分析	10			
汽车检测最佳诊断周期的确定方法	会判断、会分析	10			
能查找相关汽车检测标准	熟练查找	10			
规范实训操作	是否规范	10			
活动参与	是否积极主动	5			
劳动纪律	是否严格遵守	5			
团队合作	是否和谐	5			
现场7S	是否进行	5			
总评：		100			

教师签名：_____　　　　　　　　　_____年_____月_____日

任务三　汽车检测站类型、职能及工艺布局

1. 熟悉汽车检测站类型及职能；
2. 掌握汽车检测线常见布局形式及工位布置工艺；
3. 熟悉机动车检测流程及方法。

对现有车辆进行安全环保检测或综合性能检测，检测人员需要了解检测站工位及操作流程，熟练掌握检测方法，并打印评审报告。通过本任务的学习，可熟悉汽车检测站工位布局，具有汽车检测的岗位职责感，善于分工协助、讨论沟通等社会能力。

一、汽车检测站类型

1. 按检测站的服务功能分类

根据检测站的服务功能分为汽车安全环保检测站、维修检测站和综合检测站。

（1）汽车安全环保检测站　汽车安全环保检测站是国家的执法机构，由公安部门管理。它根据国家的有关法规，定期检查车辆行驶中与安全和环境有关的项目。它一般是针对汽车行驶安全和对环境的污染程度进行总体检测，并与国家有关标准比较，给出"合格"或"不合格"的结果，而不进行具体的故障诊断和分析。

（2）汽车维修检测站　汽车维修检测站通常由汽车运输企业或维修企业建立，其作用是为车辆维修部门服务。它以汽车性能检测和故障诊断为主要内容，这种检测站通过对汽车维修前进行技术状况检测和故障诊断，可以确定汽车附加作业、小修项目以及车辆是否需要大修；同时通过对维修后的汽车进行技术检测，可以监控汽车的维修质量。

（3）汽车综合性能检测站　汽车综合性能检测站既能担负车辆安全、环保方面的检测任务，又能担负汽车维修中的技术检测，还能承担科研、制造和教学等部门的有关汽车性能试验和参数测定。这种检测站设备多而齐全，自动化程度高，既可进行快速检测，以适应年检要求；又可以进行高精度的测试，以满足技术评定的需要。这种检测站的检测结果可作为交通运输管理部门发放或吊扣营运证的依据，以及作为确定维修单位车辆维修质量的凭证。

2. 按检测站的工作职能分类

汽车综合性能检测站根据职能任务不同，分为 A、B、C 三级站，各级站主要检测项目如下：

（1）A 级站　A 级站能承担在用车辆的制动、侧滑、灯光、转向、前轮定位、车速、车轮动平衡、底盘输出功率、燃料消耗、发动机功率和点火系统状况，及异响、磨损、变形、裂纹、噪声和废气排放等状况的检测任务。

（2）B 级站　B 级站能承担在用车辆技术状况和车辆维修质量的检测，即能检测车辆的制动、侧滑、灯光、转向、车轮动平衡、燃料消耗、发动机功率、点火系统及异响、变形、噪声和废气排放等状况。

（3）C 级站　C 级站能承担在用车辆技术状况的检测，即能检测车辆的制动、侧滑、灯光、转向、车轮动平衡、燃料消耗、发动机功率及异响、噪声和废气排放等状况。

A 级站和 B 级站出具的检测结果证明，可以作为维修单位维修质量的凭证。

3. 按自动化程度分类

（1）手动检测线　检测设备彼此独立。

（2）半自动检测线　检测设备由计算机控制数据采集、处理和打印。

（3）全自动检测线　在半自动线上增加操作过程控制和指示。

二、检测站职能任务

1. 安全技术检测站职能任务

2009 年 10 月 13 日国家质量监督检验检疫总局（以下简称"国家质检总局"）第 121 号令《机动车安全技术检验机构监督管理办法》中规定：本办法所称安检机构，是指在中华人民共和国境内，根据《中华人民共和国道路交通安全法》及其实施条例的规定，按照机动车国家安全技术标准等要求，对上道路行驶的机动车进行检验，并向社会出具公证数据的检验机构。

国家质检总局对全国安检机构实施统一监督管理。各省级质量技术监督部门负责本行政区域内安检机构的监督管理工作。市县级质量技术监督部门在各自的职责范围内负责本行政区域内安检机构的监督管理工作。

GB 21861—2014《机动车安全技术检验项目和方法》规定了安检机构检测任务包括：

1）机动车申请注册登记时的初次检验。

2）机动车定期检验。

3）机动车临时检验。

4）机动车特殊检验，包括肇事车辆、改装车辆和报废车辆等的技术检验。

2. 汽车综合性能检测站主要职能任务

机动车综合性能检测站原来主要是对营运车辆进行季检的检测机构，主要职能任务为：

1）对在用运输车辆的技术状况进行检测诊断。

2）对汽车维修行业的维修质量进行监督检测。

3）对车辆改装、改造、报废及有关新技术、新工艺、新产品、科研成果等项目进行检测，提供检测结果。

4）执行公安、环保、商检、计量、保险等部门有关汽车安全性能、排气污染、货物鉴定等专业项目的检测。

2014年4月29日，公安部和国家质检总局颁布《关于加强和改进机动车检验工作的意见》规定，全面推进检验机构社会化，"汽车综合性能检测站"转变为"安检机构"。

三、汽车检测线布局及流程

1. 汽车检测线布局

汽车综合性能检测站主要由一条至数条检测线组成。不管是安全环保检测线，还是综合检测线，它们都由多个检测工位组成，布置形式多为直线通道式，即检测工位按一定顺序分布在直线通道上，有利于流水作业。

手动和半自动的安全环保检测线，一般由外观检查（人工检查）工位、侧滑制动车速表工位、灯光尾气工位三个工位组成。全自动安全环保检测线可以由三工位、四工位或五工位组成。下面以五工位检测线为例，介绍其布局特点。

五工位一般是汽车资料输入及安全装置检查工位、侧滑制动车速表工位、灯光尾气工位、车底检查工位、综合判定及主控制室工位。五工位安全检测线布局如图1-1所示，五工位一般包括如下：

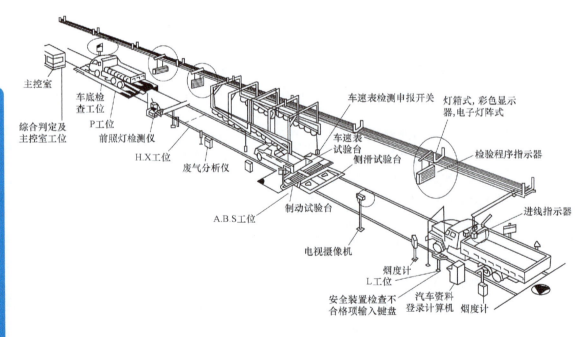

▲ 图1-1 五工位安全检测线

（1）L工位（包括汽车资料的输入工位）　L工位进行灯光、安全装置及外观检查

（人工检查）。其他设备有进线指示器、工位测控微机、不合格项目输入键盘、光电开关和检验程序指示器等。

（2）A.B.S工位　A.B.S工位将侧滑试验台、制动试验台和车速表试验台合在一起。其他设备有工位测控机、光电开关和检验程序指示器。

（3）H.X工位　H.X工位将前照灯检测仪、废气分析仪和喇叭检测仪放在一起。其他设备有工位测控机、光电开关、停车位置指示灯和检验程序指示器。

（4）P工位　P工位主要进行车底检查（设置地沟，人工检查）。其他设备有工位测控微机、不合格项目输入键盘、光电开关、地沟内举升机和检验程序指示器等。

（5）综合判定及主控制室工位　综合判定及主控制室工位控制、协调各个工位的检测进度指示，设置在检测线出口处。

2. 五工位检测线检测流程

检测站检测流程指汽车进站检测的全过程，流程合理可提高检测效率。五工位检测线检测流程如图1-2所示。

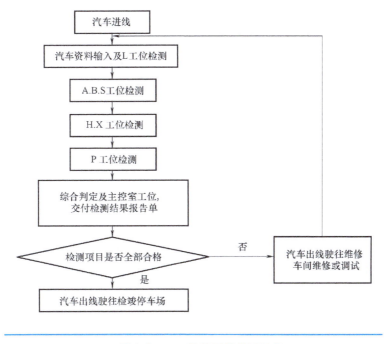

▲ 图1-2　五工位检测线检测流程

鉴于汽车检测站类型不同，汽车检测线布局不同，因此各个检测站工位安排也不相同，检测功能和项目也有差别。下面安排学生一起熟悉汽车综合性能A级站的检测工位及检测设备，通过参观学习，对检测线有初步的认识，为后期各项目继续学习奠定基础。汽车综合性能A级站检测项目认识见表1-2。

表 1-2　汽车综合性能 A 级站检测项目认识

检测项目	检测评价指标	检测设备与工具	检测工位示意图
1. 车速检测	车速表示值误差	车速表检测台	
2. 尾气检测	1)汽油发动机车辆：CO、HC 体积分数（双怠速法、怠速法），CO、HC 和 NO 体积分数（加速模拟工况法） 2)柴油发动机车辆：光吸收系数或烟度值（自由加速工况）	1)汽油机排气分析仪 2)滤纸式烟度计或不透光烟度计	
3. 制动性能检测	1)轮(轴)重 2)车轮阻滞力 3)轮制动力 4)左/右轮制动力差 5)驻车制动力	滚筒反力式制动试验台或平板式制动试验台、轮(轴)重仪	
4. 侧滑检测	转向轮横向侧滑量	汽车侧滑检测台	

（续）

检测项目	检测评价指标	检测设备与工具	检测工位示意图
5. 灯光检测	1) 前照灯远光光束：发光强度、光束偏移量 2) 前照灯近光光束：明暗截止线转角折点位置	前照灯检测仪	
6. 喇叭声级	喇叭声级[dB(A)]	声级计	
7. 悬架性能检测	1) 振动幅度 2) 左右吸收率差 3) 悬架吸收率	汽车悬架装置检测台	
8. 底盘其他性能检测	1) 转向系统检测。转向轮最大转角、转向盘自由行程、最大转矩 2) 行驶系统检测。车轮动平衡检测、四轮定位检测 3) 传动系统检测：转向系统间隙	转向轮转角仪 车轮动平衡仪 四轮定位仪	

（续）

检测项目	检测评价指标	检测设备与工具	检测工位示意图
8. 底盘其他性能检测	1）转向系统检测。转向轮最大转角、转向盘自由行程、最大转矩 2）行驶系统检测。车轮动平衡检测、四轮定位检测 3）传动系统检测：转向系统间隙	转向轮转角仪 车轮动平衡仪 四轮定位仪	
9. 驱动轮输出功率检测	1）额定功率转速下驱动轮输出功率 2）额定转矩转速下驱动轮输出功率	底盘测功机	
10. 发动机功率检测	1）发动机额定功率 2）额定转速	发动机综合分析仪	

汽车自动检测线计算机控制系统简介

汽车自动检测线计算机控制系统是整个汽车检测线的指挥中心,负责检测线的监视、控制、数据采集与处理、数据管理、检测判断和通信等多项任务。

一、检测线控制系统应具有的特性

(1) 可靠性　选用高性能的工控机,采用模块化设计,具有较强的自诊断功能,出现故障后能迅速排除。

(2) 先进性　具有较高的自动化程度,检测速度快,测量精度高。系统配套、系统扩充等有较强功能。

(3) 适应性　环境适应性、车型适应性强。

(4) 方便性　操作使用、人机对话方便。

二、检测线控制系统组成

检测线控制系统由硬件和软件两部分组成。

1. 控制系统硬件

(1) 主控制机　主控制机的作用是收集、存储数据并判断是否合格,显示、打印检测结果,指挥检测仪器动作和灯箱指示语显示。

(2) 终端机　终端机的作用是申报被检车辆的主要参数和检测项目。

(3) 接口控制箱　接口控制箱一是负责单机仪表的数据传送,二是对主机的输入输出控制信号进行缓冲。

(4) 单机仪表　单机仪表的作用是采集、显示检测数据,向上位机传输数据。

(5) 辅助设备　辅助设备包括控制台、稳压电源、显示屏、光电开关、警告灯和报警器等。

2. 检测线控制系统软件

系统软件是在 Windows 平台上采用目前高级语言开发的。利用 Windows 操作系统的多任务、按优先级分时操作的功能,实现对多辆汽车进行同时检测,设备控制与数据采集、处理相互独立提高验车效率。

(1) 登录程序　车辆信息登录通过键盘输入到登录计算机。输入内容为号牌号码、检测类别、厂牌型号、发动机编号、燃料种类、车主、维修企业和检测项等。

登录车辆存储功能;录入待检车辆信息不影响车辆检测,并可预先输入多辆车信息;登录计算机留有接口,方便将来车辆使用 IC 卡录入待检车辆信息。

(2) 检测程序

1) 实时自动监控设备状态、车辆位置和控制设备动作。

2) 反映检测过程,引导车辆检测。

3) 信号采集、数据处理、结果判断、数据存盘、绘制图形和曲线。

4）操作人员可根据实际情况对在线车辆进行人工干预辅助检测，或检测项放弃，或对在线车辆进行检测补测。

5）自动打印检测报告单，并具有假脱打印机功能，当打印机出现异常（如缺纸、卡纸和未开机等），系统将结果报告单缓存起来，待故障排除后再打印。

（3）测试程序

1）系统每天在进入检测程序时对检测线设备传感器和开关信号进行测试，信号如有问题，则提示用户并分析故障原因，方便用户管理。

2）传感器测试。实时监控检测设备传感器电压信号，反映传感器是否正常。

3）开入信号测试。实时监控检测线开入信号状态，反映传感器是否正常。

4）开出信号测试。通过键盘操作测试检测设备动作是否正常。

5）显示屏测试。检测线显示屏工作是否正常。

（4）标定程序

1）负责检测设备标定，实时显示数据图形，并在 LED 显示屏上同步显示标定数据。

2）在标定过程中如测量数据与实际值有误差，用户只需输入简单的数据程序自动调整相应参数使测量值与标定值一致，不需调整设备硬件。

3）程序采用多段数据标定，可以弥补传感器非线性带来的测量误差，保证数据测量精度以及系统检测的稳定性。

4）系统采用分时技术可同时进行多个设备标定。

（5）修改标准程序　用户可自行根据最新国家标准、部门标准或地方标准及时修改检测标准。

（6）修改检测参数程序　用户可根据实际情况自行修改检测参数，改变检测节拍。此程序设有密码。

（7）修改传感器 A-D 通道程序　由于 A-D 通道损坏而使检测设备无法使用，用户可自行将信号线接入备用的 A-D 通道，并在程序中将通道值改为备用通道值，不用修改原程序。

（8）数据管理程序

1）数据维护。用户通过网络将服务器中数据库内容传至其他计算机中保存，也可以将不需要保存的数据删除。检测数据能实时反馈给主控计算机，系统存储量大，方便用户后期管理和维护。

2）数据查询。系统有多种数据查询方式：号牌号码查询、日期查询、发动机号查询、车架号查询、厂牌型号查询、号牌种类查询和营运证号查询等查询方式。

3）数据统计。系统自动生成年报表、月报表、日报表和任意时间段报表。系统自动统计年、月、日、任意时间段检测线检测量、初检量、复检量，所有单项检测的合格率以及各种车型检测量、初检量、复检量和单项合格率。统计内容自动生成报表打印输出。

三、控制系统控制方式

汽车检测线控制系统有分级分布式和集中式两种控制方式。检测站常选用经济性、可靠性和适应性较为均衡的分级分布式控制方式。

1. 分级分布式控制系统

以一台主计算机与若干台从计算机相联系的结构体系，它一般采用二级或三级控制方式。以三工位检测线计算机控制系统为例，如图 1-3 所示。

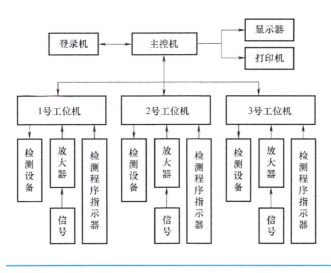

▲ 图 1-3　分级分布式控制系统

分级分布式控制系统优点：采用了分布控制、单机显示、多级管理和数据通信的措施，可有效防止由于主机故障而引起检测系统停止运行的事故。

2. 集中式控制系统

集中式控制系统采用单一主机直接监控整个现场，不设置工位机的结构控制体系，如图 1-4 所示。

集中式控制系统特点：结构简单，价格低廉，但主机负担过重，易造成死机，导致全线停止运行。

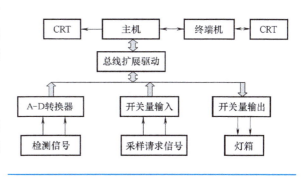

▲ 图 1-4　集中式控制系统

评价反馈

考核项目	评分标准	分值	小组互评（50%）	教师评价（50%）	小计
汽车安全环保检测站内容及功能	能叙述	10			
汽车维修检测站内容及功能	能叙述	10			
汽车综合性能检测站内容及功能	能叙述	10			
五工位检测线布局	能完整叙述	10			

（续）

考核项目	评分标准	分值	小组互评（50%）	教师评价（50%）	小计
各工位检测设备	熟知	10			
各工位检测内容	熟知	10			
掌握五工位检测线检测流程	熟练操作	10			
规范实训操作	是否规范	10			
活动参与	积极主动	5			
劳动纪律	严格遵守	5			
团队合作	是否和谐	5			
现场7S	是否进行	5			
总评：		100			
教师签名：			年	月	日

练习与思考题

一、选择题

1. 在不解体（或仅拆卸个别小件）条件下，确定汽车技术状况或查明故障部位、故障原因，进行的检测、分析和判断是（ ）。

    A. 汽车检测　　　B. 汽车诊断　　　C. 汽车维护　　　D. 汽车维护

2. 发动机功率和汽车的驱动力等属于汽车诊断参数中的（ ）类。

    A. 工作过程参数　　B. 伴随过程参数　　C. 几何尺寸参数

3. 异响、振动和温度等是属于诊断参数中的（ ）类。

    A. 工作过程参数　　B. 伴随过程参数　　C. 几何尺寸参数

4. 配合间隙和自由行程等是属于诊断参数中的（ ）类。

    A. 工作过程参数　　B. 伴随过程参数　　C. 几何尺寸参数

5. 当诊断参数测量值处于（ ）范围内时，表明诊断对象技术状况良好，无须维修便可继续运行。

    A. 初始值　　　　B. 许用值　　　　C. 极限值

6. 诊断参数测量值超过（ ）后，诊断对象技术状况严重恶化，汽车需立即停驶修理。

    A. 初始值　　　　B. 许用值　　　　C. 极限值

7. 我国维修制度中规定在用车辆实行"（ ）"。

    A. 定期检测、强制维护、视情修理　　B. 定期检测、视情维护、强制修理

    C. 视情检测、强制维护、定期修理

8. 获得最佳诊断周期必须考虑（ ）。

    A. 汽车技术状况　　B. 汽车使用条件　　C. 经济性及以上均是

二、填空题

1. 表征汽车技术状况的参数分为两大类，一类是_____参数，另一类是参数。
2. 汽车检测与诊断的目的是确定汽车的_____和_____，查明_____、_____，为汽车继续运行或维修提供依据。
3. 汽车诊断参数标准与其他标准一样，分为国家标准、_____标准、_____标准和_____标准四类。
4. 诊断参数标准一般由_____、_____和_____三部分组成。
5. 按服务功能分类，汽车检测站可分为_____检测站、_____检测站和_____检测站三种。
6. 综合检测站按职能分类，可分为_____站、_____站和_____站三种类型。

三、简答题

1. 简述我国汽车检测技术不足及将来的发展趋势。
2. 简述汽车检测诊断参数的选择原则。
3. 什么是汽车诊断参数、诊断标准和诊断周期？
4. 制定最佳诊断周期应考虑哪些因素？
5. 简述五工位的汽车综合性能检测站布局情况。
6. 简述汽车检测流程。

项目二
汽车动力性能检测

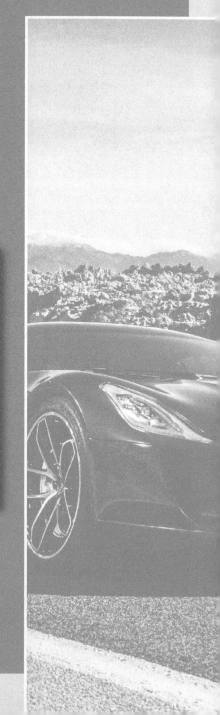

任务一　发动机功率检测

1. 掌握发动机功率检测的方法；
2. 掌握发动机功率检测的设备构成及使用方法；
3. 能熟练地在指定设备上完成汽车发动机功率的检测；
4. 能读取检测数据，并根据国家的检测标准对检测结果进行分析，进一步确定故障的原因。

任务描述

某货车行驶一定里程以后，发动机无负荷运转时基本正常，带负荷运转时加速缓慢、上坡无力，加速踏板踩到底时仍感到动力不足，转速升不高，达不到最高车速。要解决这一问题首先要进行汽车发动机无负荷功率的检测。

知识准备

一、发动机功率检测的目的及方法

1. 发动机功率检测的目的

发动机的动力性可用发动机有效功率来进行评价，发动机的有效功率即曲轴对外输出的净功率。通过对发动机功率的检测，就可以掌握发动机的技术状况，确定发动机是否需要进行维修或确定发动机的维修质量。

2. 发动机功率检测的方法

发动机功率检测的方法有稳态测功（有负荷测功）和动态测功（无负荷测功）两种基本形式。

（1）稳态测功　稳态测功是指发动机在节气门开度一定、转速一定和其他参数都保持不变的稳定状态下，在专用发动机测功机上测定发动机功率的一种方法。常见的测功机有水力测功机、电力测功机和电涡流测功机三种。当稳态测功时，由于需要对发动机施加外部负荷，所以也称为有负荷测功或有外载测功。

稳态测功是利用测功机测出发动机的转速和转矩，然后根据有效功率 P_e（kW）、有效转矩 M_e（N·m）、转速 n（r/min）之间的关系就可以计算出发动机的有效功率，即

$$P_e = \frac{M_e n}{9550} \tag{2-1}$$

稳态测功测试结果准确，所以此方法适用于发动机设计、制造和院校科研部门的性能试验。但是试验时间长，测试费用高，并且需将发动机从汽车上拆下来，不适用于不解体的检测，因此在一般的汽车运输企业、汽车维修企业和汽车检测站中采用不多。

（2）动态测功　动态测功是指发动机在节气门开度和转速等参数均处于变化的状态下，测定发动机功率的一种方法。由于动态测功时无须对发动机施加外部载荷，所以又称为无负荷测功或无外载测功。

无外载测功是基于动力学的原理。当发动机在怠速或某一空载低转速运转时，突然全开节气门加速运转，此时发动机产生的动力，除克服各种内部运动阻力矩外，将使曲轴加速运转，即发动机以自身运动机件为载荷加速运转。被测发动机的有效功率越大，曲轴的瞬时角加速度也越大，则加速时间越短。所以，只要测得角加速度和加速时间，就可以间接获得发动机功率。

该测功方法所用仪器轻便，测功速度快，方法简单，但测功精度较低。对于汽车使用单位，经常需要在不解体条件下进行就车试验测定发动机功率。因此，发动机无外载测功得到广泛应用。

1）通过角加速度获得发动机有效功率。发动机的有效转矩和角加速度间的关系为

$$M_e = I \frac{dw}{dt} = I \frac{\pi}{30} \frac{dn}{dt} \tag{2-2}$$

式中　M_e——发动机转矩（N·m）；

I——发动机运动部件对曲轴轴线的当量转动惯量（kg·m²）；

n——发动机转速（r/min）；

$\frac{dw}{dt}$——曲轴的角加速度（rad/s²）；

$\frac{dn}{dt}$——曲轴的转速变化率（1/s²）。

把 M_e 代入 $P_e = \dfrac{M_e n}{9550}$ 整理得

$$P_e = \frac{\pi I}{9550 \times 30} n \frac{dn}{dt} \tag{2-3}$$

令

$$C = \frac{\pi I}{9550 \times 30}$$

$$P_e = Cn \frac{dn}{dt} \tag{2-4}$$

由于在动态测试时，发动机的进气、燃烧状况与稳态时不同，其有效功率相对小于稳态测功时，因此，引入修正系数 K。则

$$P_e = KCn \frac{dn}{dt} \tag{2-5}$$

令 $C_1 = KC$，则 $P_e = C_1 n \dfrac{dn}{dt}$

结论：发动机在加速过程中某一转速下的功率，与该转速及其转速变化率成正比。

因此，只要测出加速过程中的转速及其对应的转速变化率，则可求得该转速下的发动机功率。对于型号一定的发动机，其转动惯量 I 为常数。修正系数 K 可通过台架对比试验得出。

2）通过加速时间获得发动机有效功率。根据动能原理，发动机驱动曲轴转动所做的功等于曲轴旋转动能的增量，即

$$A = \frac{1}{2}I\omega_2^2 - \frac{1}{2}I\omega_1^2 \tag{2-6}$$

式中 A ——发动机所做的功（J）；

ω_1、ω_2 ——测定区间曲轴起始角速度和终止角速度（rad/s）。

若发动机从 ω_1 上升到 ω_2 的时间为 $\Delta T(\text{s})$，则发动机在这段时间内的平均功率 P_{em}（注：平均功率的单位为 kW）为

$$P_{em} = \frac{A}{\Delta T} = \frac{1}{2}I\frac{\omega_2^2 - \omega_1^2}{\Delta T} \tag{2-7}$$

将 $\omega = \frac{\pi}{30}n$ 代入，则 $P_{em} = \frac{C_1}{\Delta T}$

$$C_1 = \frac{1}{2}I\left(\frac{\pi}{30}\right)^2 \frac{n_2^2 - n_1^2}{1000} \tag{2-8}$$

若已知转动惯量 I，并确定测量时的起始转速和终止转速 n_1、n_2，则 C_1 为常数，称为平均功率测功系数。

结论：由式（2-7）可知，发动机在起止转速范围内的平均有效加速功率与其加速时间成反比，即当发动机的节气门突然全开时，发动机由起始转速加速到终止转速的时间越长，则其有效加速功率越小，反之则越大。因此，只要测得发动机在设定转速范围内的加速时间，便可得出平均有效加速功率。

另外，还需要通过台架试验，找出稳态特性平均功率与外特性最大功率 P_{emax} 之间的关系。其中加速时间 ΔT 与最大功率 P_{emax} 之间的关系可对无外载测功检验仪进行标定，并输入计算机，以便通过测加速时间而能直接读出功率数，有的也把它们之间的关系绘制成曲线图或排成表格，以便测出加速时间后能在图中或表中查出对应的功率值。

二、发动机功率检测的参数与标准

根据 GB 7258—2017《机动车运行安全技术条件》和 GB/T 15746—2011《汽车修理质量检查评定标准发动机大修》的规定：发动机功率不允许小于标牌（或产品使用说明书）标明的发动机功率的 75%；大修竣工后，发动机功率不得低于原设计标定值的 90%。部分常见汽车的发动机额定功率和额定转速见表 2-1。

表 2-1 部分常见汽车的发动机额定功率和额定转速

车型	发动机型号	额定功率/kW	额定转速/(r/min)
解放 CA1090	CA6102	99	3000
东风 EQ1091	EQ6100-1	99	3000
上海桑塔纳 LX	JV	66	5200

（续）

车型	发动机型号	额定功率/kW	额定转速/(r/min)
上海桑塔纳 2000GLi	AFE	72	5200
上海桑塔纳 2000GSi	AJR	74	5200
捷达 GT、GTX、AT	EA113	74	5800
丰田皇冠 YS120	3Y	63	4600
丰田皇冠 MS122	5M	90	5000
丰田海艾斯 RH	12R	59	5200
丰田海艾斯 YH	2Y	58	4800
丰田莱特艾斯 KM20	4K	51	5200
丰田之花 RH	12R	59	5200
丰田黛娜 YU60	3y	63	4600
上海别克 GLX、GL	6L46	126	5200

三、发动机功率检测设备及使用方法

发动机功率检测主要是对发动机无外载测功的测试，即对发动机无负荷的测功。而当前发动机无外载测功仪很多，在这里主要以 EA3000 便携式发动机综合性能分析仪为例进行介绍。

1. EA3000 便携式发动机综合性能分析仪功能

元征 EA3000 便携式发动机综合性能分析仪是元征科技股份有限公司推出的能够对汽车发动机及其电控系统进行检测及诊断的全新设备，可检测发动机各系统的工作状态、运行参数及排放性能，可实时采集初级和次级点火信号、喷油信号、电控传感器信号、进排气系统等的动态波形，同时可进行性能分析、波形存储与回放、测试结果查询等，与 SMART-BOX 连接还能对汽车电控系统进行诊断，如读故障码和数据流等，同时还具有强大的在线帮助系统，为发动机的技术状态判断和故障诊断提供科学依据。

2. EA3000 便携式发动机综合性能分析仪结构

EA3000 便携式发动机综合性能分析仪外形结构如图 2-1 所示，它由以下几部分组成：

1）信号提取系统。信号提取系统由各类夹持器、探针和传感器组成，与发动机的被测部位直接或间接连接，以拾取被测信号。

2）带液晶触摸屏的主机（内置高速采集卡、通信卡）。主机背面有 12 个信号输入接口，每个接口都标志号码（1280401~1280412），在连接信号提取系统的适配器时，注意要插入相应的接口，否则检测不到输入信号，如图 2-2 所示。

3）喷墨打印机。

4）废气分析仪（选配）。

5）机架。

6）诊断 SMART-BOX 等（选配）。

汽车检测技术

▲ 图 2-1　EA3000 便携式发动机综合性能分析仪外形结构

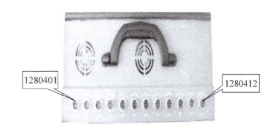

▲ 图 2-2　主机背面信号输入接口视图

3. EA3000 便携式发动机综合性能分析仪使用方法

1）开机。在测试前先开机预热 20min。

2）系统启动、自检。打开主机电源开关，Windows 98 系统运行完毕后，系统启动并自动执行 EA3000 便携式发动机综合性能分析仪程序，主机将对预处理器通信、1280401~1280412 适配器逐一进行自检，自检通过后，相应适配器图标显示为绿色，如图标显示红色，表示适配器未连接或连接不可靠。

3）输入用户及车辆信息。系统通过自检后首先进入主界面，在主界面中单击"检测"图标，进入检测界面，再单击"用户资料"图标，如图 2-3 所示，提示用户首先输入所测车型的相关资料（如汽车类型、冲程数、气缸数、点火次序、点火方式等）。若用户准备测试无外载测功，则必须输入汽车的额定功率。否则，在无外载测功界面打印的结果表单中无测试数据。

4）选择测试种类。根据实际检测的需要选择测试的种类，用户数据输入完毕后，单击"确定"按钮，进入检测界面，如图 2-4 所示。

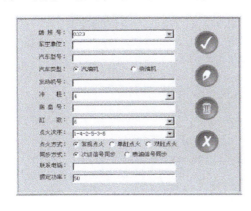

▲ 图 2-3　用户资料

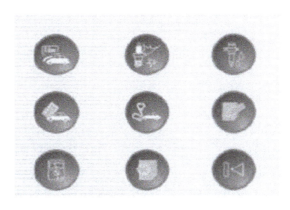

▲ 图 2-4　检测界面

项目二　汽车动力性能检测

33

5）连接。根据检测的项目，参照信号提取系统的说明把相关的信号提取传感器、信号夹等连到相应的部位。

6）测试。

7）打印测试结果。在测试过程中单击"打印"图标，可对当前测试界面进行打印。

8）技术指导。技术指导提供了仪器操作过程的技术指导及相关的技术资料，如标准波形和故障波形等。在主界面单击"帮助"图标，即进入帮助界面，随后单击"技术指导"图标，进入"技术指导"界面，获得帮助。

9）汽车数据库。该部分提供了美洲、欧洲和亚洲2000多种车型的有关技术数据，可随时查阅。在测试过程中，用户也可在帮助系统主界面单击"帮助"图标，随后进入汽车数据库获取部分车型的维护数据。

任务实施

根据发动机功率检测的内容，检测具体流程见表 2-2。

表 2-2　发动机功率检测操作

一、检测前工位准备		
操作步骤	操作方法与流程	示意图
1. 设备的准备	1）检查产品的外观及各部件连接情况 2）将各适配器或测试线依次与主机对应插座连接起来 3）将主电源线连接 220V 电源，打开 EA3000 发动机分析仪主电源开关，主计算机应能正常起动且无异常，并顺利通过程序自检 4）自检通过后出现自检标定对话框，单击"测试数据"，通道 1、通道 2 测试数据应为 0，其他测试项允许误差±5，如果符合要求则表示 OK，否则 NO 5）在测试前先开机预热 20min	
2. 被检汽车的准备	1）调整发动机配气机构、供油系统和点火系统，使之处于技术完好状态 2）预热发动机至正常工作温度（80~90℃） 3）调整发动机怠速，使其在规定的转速范围内稳定运转	
二、检测方法及流程		
操作步骤	操作方法与流程	示意图
检测流程	1）将一缸信号适配器夹在一缸高压线上。在"汽油机测试菜单"下单击"无外载测功"图标，系统即进入无外载测功测试界面，或单击"方式选择"图标选择"P"进入无外载测功界面	

(续)

二、检测方法及流程

操作步骤	操作方法与流程	示意图
检测流程	2) 设定怠速转速 n_1(发动机怠速转速)、额定转速 n_2(发动机额定转速)和当量转动惯量(当量转动惯量可在同型号的车上通过测试得到,但此车必须保证处于良好的工作状态,一般小型车的当量转动惯量在 $0.1\sim0.5\text{kg}\cdot\text{m}^2$ 范围内,大货车的当量转动惯量在 $1.0\sim5.0\text{kg}\cdot\text{m}^2$ 范围内) 3) 单击"测试"按钮,系统开始倒计数 4) 当计数为零时,请迅速踩下汽车加速踏板,使发动机尽可能快地将转速迅速提高。当发动机转速超过设定的额定转速 n_2 时,迅速松开加速踏板,使发动机回到怠速工况,系统将自动检测发动机的输出功率并显示。其中加速时间为发动机从怠速加速到额定转速的时间,额定功率为发动机在额定转速时的瞬时功率 ① 测试过程功率变化曲线。其中 P_{emax} 为发动机在测试过程中的最大功率;P_{pmax} 为发动机在最大转矩时的功率;P_{emin} 为发动机最小稳定转速功率,即怠速功率 ② 测试过程转速变化曲线 ③ 测试过程转矩变化曲线。其中 M_{emax} 为发动机在测试过程中的最大转矩;M_{pmax} 为发动机在最大功率时的转矩;M_{emin} 为发动机最小稳定转速转矩,即怠速转矩 ④ 单击"保存数据"图标可将检测有效结果进行保存 ⑤ 单击"打印"图标可对无外载测功的结果当前界面进行打印 ⑥ 单击"返回"图标可返回上级菜单 ⑦ 单击"帮助"图标,将进入帮助系统相关部分查看操作指导 ⑧ 单击"显示专家分析"图标,可显示本项目测试的智能提示内容 5) 测试结束,关机	

三、检测结果记录与分析

操作步骤	操作方法与流程		示意图
记录检测结果	项　　目	结论	
	额定功率、额定转速		
	额定功率(见右侧示意图)		
	额定功率(见右侧示意图)		
	结论(合格否)	□合格 □不合格	

（续）

操作步骤	操作方法与流程	示意图
	四、发动机动力不足的分析	
1. 故障自诊断	1）进行故障自诊断,用专用解码器检查有无故障码出现,并读取相应的数据流 2）按所显示的故障码或数据流分析故障,查找故障原因	
2. 检查节气门	1）将加速踏板踩到底,检查节气门能否全开 2）如果不能完全打开,调整节气门拉索 3）检查电子节气门系统	
3. 检查空气滤清器	1）检查空气滤清器有无堵塞 2）如有堵塞,应清洗或更换	
4. 检查点火正时、火花塞、高压线和点火线圈	1）检查点火系统、点火部件工作以及点火正时是否正常 2）如有异常,发现问题则维修或更换相应部件	
5. 检查燃油供给系统	1）检查燃油供给系统的压力。如果燃油供给系统的压力过低,应进一步检查电动燃油泵、燃油压力调节器和燃油滤清器等 2）检查喷油器的喷油量。如若喷油不正常或雾化不好,应清洗或更换喷油器	

（续）

操作步骤	操作方法与流程	示意图
四、发动机动力不足的分析		
6. 检查气缸压力	1）检查气缸压力 2）如压力过低，应拆检发动机	
7. 检查发动机的凸轮轴、缸盖和活塞等机械部件	1）检查发动机的凸轮轴、缸盖和活塞等机械部件 2）如有异常，应进行调整或更换	

知识拓展

发动机各缸功率均衡性判断方法

发动机各缸功率均衡性是判断发动机技术状况的另一个重要指标，是发动机检测诊断的一个重要内容。各缸功率均衡性可通过单缸功率检测和单缸断火后转速变化的检测来评价。

1. 单缸功率检测

首先测出各缸都工作时的发动机功率，然后在某气缸断火（高压短路或柴油机输油管断开）情况下，再测量发动机功率。两功率之差即为断火气缸的单缸功率。

各缸单缸功率相同，则说明发动机各缸功率均衡性好；若某缸断火后，测得的功率没有变化，则说明其单缸功率为零，该缸不工作；若发动机单缸功率偏低，则一般是该缸高压线、分线插座或火花塞技术状况不佳，气缸密封性不良所致。

2. 单缸断火后转速变化的检测

当发动机在一定转速下运行时，若某缸突然断火，则发动机的指示功率减小，导致克服原转速的摩擦功率不够，从而使发动机重新平衡运转的转速降低。因此，可以利用在单缸断火情况下测得的发动机转速下降值，来评价各缸的工作状况。

通常在发动机各缸工作都正常的情况下，以某一平衡转速下单缸断火时发动机转速下降的平均值作为诊断标准。当各缸轮换断火时，转速下降幅度大而且基本相同，则说明各缸工作状况良好，各缸功率均衡性好；若各缸转速下降的幅度差别很大，则说明各

缸功率均衡性差，有些缸工作不正常；若某缸转速下降值等于零，则说明其单缸功率为零，该缸不工作。

评价反馈

考核项目	评分标准	分值	小组互评（50%）	教师评价（50%）	小计
发动机功率偏低的原因及现象	能叙述	10			
发动机功率检测的参数及标准	能完整叙述	10			
发动机综合性能分析仪构成及使用方法	能完整叙述	10			
能操作发动机功率检测设备	会操作	10			
会读取试验结果并对结果进行判断	会判断、会分析	10			
能对发动机各系统进行调整与维修	懂操作、会操作	10			
任务实施	是否完整进行	10			
规范实训操作	是否规范	10			
活动参与	是否积极主动	5			
劳动纪律	是否严格遵守	5			
团队合作	是否和谐	5			
现场7S	是否进行	5			
总评：		100			

教师签名：_____　　　　　　　　　　　　　　____年____月____日

任务二　驱动轮输出功率检测

任务目标

1. 掌握驱动轮输出功率检测的目的；
2. 掌握驱动轮输出功率的评价指标及国家标准；
3. 掌握底盘测功机的构成及使用方法；
4. 能熟练地在指定设备上完成驱动轮输出功率的检测；
5. 能读取检测数据，并根据国家的检测标准对检测结果进行分析，进一步确定故障的原因。

某货车行驶一定里程以后,汽车开始出现动力性明显下降趋势,主要表现为加速缓慢、上坡无力,同时达不到最高车速。要解决这一问题,需要进行汽车驱动轮输出功率的检测。

一、驱动轮输出功率检测的目的

汽车驱动轮输出功率的检测又称为底盘测功,可在汽车底盘测功机上进行,其目的一是为了获得驱动车轮的输出功率或驱动力,以便评价汽车的动力性;二是获得驱动轮输出功率与发动机输出功率进行对比,可求出传动效率,以便判断底盘传动系统的技术状况。

二、驱动轮输出功率检测参数及评价指标

1. 驱动轮输出功率限值

最大转矩工况下,驱动轮输出功率限值取最大转矩点功率 P_M 的51%,P_M 按式(2-9)计算或选取,推荐值见表2-3。

$$P_M = \frac{M_e n_m}{9550} \qquad (2-9)$$

额定功率工况下,驱动轮输出功率限值取额定功率 P_e 的49%。

2. 驱动轮轮边稳定车速限值

额定功率工况下,驱动轮轮边稳定车速限值取 V_e。

最大转矩工况下,驱动轮轮边稳定车速限值取 V_m。

3. 驱动轮输出功率的评价指标

根据国家标准 GB/T 18276—2017《汽车动力性台架试验方法和评价指标》的规定,汽车动力性合格的条件为:

1)采用最大转矩工况或额定功率工况下的驱动轮输出功率评价时,当校正驱动轮输出功率大于或等于限值。

2)采用额定功率工况下的驱动轮轮边稳定车速评价时,当驱动轮轮边稳定车速 $V_w \geq V_e$。

3)采用最大转矩工况下的驱动轮轮边稳定车速评价时,当驱动轮轮边稳定车速 $V_w \geq V_m$。

4)当校正驱动轮输出功率或驱动轮轮边稳定车速小于限值时,允许复检一次。一次复检合格,则判定该车动力性为合格。

表 2-3　最大转矩工况车速及驱动轮输出功率限值推荐值

汽车类别	车长 L/mm	车速/(km/h)	输出功率限值/kW
客车	L≤6000	50	26
	6000<L≤7000	50	28
	7000<L≤8000	53	35
	8000<L≤9000	60	54
	9000<L≤10000	63	82
	10000<L≤11000	65	70
	11000<L≤12000	70	87
	L≥12000	70	109
汽车类别	最大总质量 G/kg	车速/(km/h)	输出功率限值/kW
货车	3500<G≤4000	47	19
	4000<G≤8000	47	24
	8000<G≤9000	47	26
	9000<G≤12000	50	30
	12000<G≤15000	50	33
	15000<G≤16000	50	36
	16000<G≤18000	50	48
	18000<G≤22000	53	52
	22000<G≤25000	55	56
	25000<G≤30000	55	66
	30000<G≤31000	55	75
汽车类别	最大总质量 G/kg	车速/(km/h)	输出功率限值/kW
自卸车	3500<G≤5000	46	23
	5000<G≤9000	46	28
	9000<G≤11000	46	30
	11000<G≤17000	46	33
	17000<G≤19000	46	36
	19000<G≤23000	46	43
	23000<G≤31000	48	79
汽车类别	汽车列车最大总质量 G/kg	车速/(km/h)	输出功率限值/kW
牵引车	G≤27000	45	34
	27000<G≤35000	53	59
	35000<G≤43000	60	84
	43000<G≤49000	60	100

三、底盘测功机

驱动轮输出功率检测主要是在汽车底盘测功机上进行，底盘测功机又称为转鼓试验台，是一种不解体检验汽车性能的检测设备。用以模拟汽车在实际行驶时的阻力，测定汽车的使用性能以及检测汽车的技术状况，诊断汽车故障，广泛用于汽车设计、制造、维修和检测部门。

1. 底盘测功机的功能

汽车底盘测功机的基本功能如下：

① 测试汽车驱动轮输出功率。

② 测试汽车的加速性能。

③ 测试汽车的滑行能力和传动系统的传动效率。

④ 检测校验车速表。

⑤ 辅以油耗计、废气分析仪等设备，还可以对汽车的燃油经济性和废气排放性能进行检测。

2. 底盘测功机的结构

底盘测功机，一般由滚筒装置、测功装置、测速装置和辅助装置四部分组成。底盘测功机机械部分的结构如图 2-5 所示。

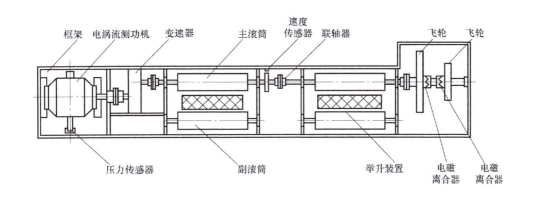

▲ 图 2-5 底盘测功机机械部分的结构

（1）滚筒装置 滚筒相当于连续移动的路面，被检汽车的车轮在其上滚动，滚筒有单滚筒和双滚筒两种，如图 2-6 所示。

单滚筒式测功机，其滚筒直径一般较大，多在 1500～2500mm 范围内。滚筒直径越大，车轮在滚筒上就越像在平路上滚动，模拟道路的效果越好。单滚筒式测功机对试验车辆的安放定位要求较严，车轮与滚筒的对中比较困难，但其试验精度比较高，故主要用于汽车制造和科研单位。

双滚筒式测功机，其滚筒直径比单滚筒测功机的转鼓直径要小得多，一般在 185～400mm 范围内。滚筒直径越大，最大试验车速越高，反之则越小。由于滚筒的曲率半径小，轮胎和转鼓的接触情况就和在道路上的受压情况不一样，故试验精度较低。但双滚筒式测功机结构简单，安装使用方便，且成本较低，因而使用广泛。

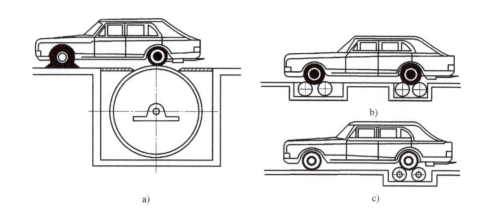

▲ 图2-6 滚筒装置的类型
a) 单轮单滚筒式 b) 双轮双滚筒式 c) 单轮双滚筒式

（2）测功装置　测功装置用来吸收和测试发动机经传动系统至驱动轮的功率，模拟车辆在道路上行驶所受的各种阻力。电涡流测功机是利用了电磁原理，当带有励磁线圈的定子通电后产生磁场，转子转动切割磁力线从而在转子上产生电涡流，形成阻力矩。调整激励电流的大小，可以获得不同的阻力矩。

（3）测速装置　测速装置的作用是检测汽车驱动轮转速及其变化情况。测速装置多为电测式，一般由速度传感器、中间处理装置和指示装置组成。速度传感器安装在副滚筒一端，随滚筒一起转动，能把滚筒的转动变为电信号。该信号经处理后送入指示装置，以车速（km/h）显示出来。

（4）举升器　举升器的作用是方便备检车辆进出底盘测功机，所以在主、副滚筒之间安装举升器及气动控制系统。举升器一般为气压式，与制动试验台的气动举升器一样，要注意对空气中的水分进行分离，以延长举升器的寿命。

（5）控制与指示装置　底盘测功机的控制装置和指示装置往往制成一体，形成柜式结构，如图2-7所示。控制装置根据试验的要求，自动控制试验的过程。指示装置显示试验相关信息，如转速、力及功率等。

（6）辅助装置　底盘测功机上一般还有用于防止汽车偏摆和纵向移动的约束装置、用于冷却发动机和轮胎的冷却等辅助装置，如图2-8所示。

① 约束装置：在底盘测功机上试验，防止汽车移动。双滚筒试验台可在从动车轮前后加装三角铁挡块即可保证试验顺利进行。单滚筒试验台，除三角铁挡块外，还需要在汽车前后设置钢质锁链固定。

② 冷风装置：驱动车轮在滚筒上滚动，汽车并不发生位移，缺少迎面风，发动机冷却系统的散热强度不足，长时间试验，提高了轮胎胎面工作温度，为延长轮胎使用寿命，需加强轮胎散热。

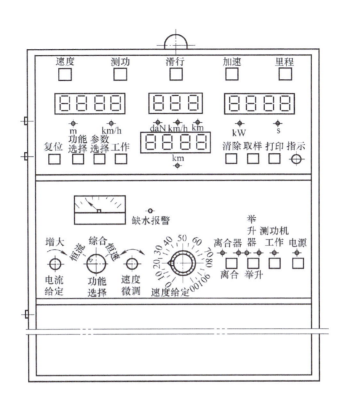

▲ 图 2-7 控制柜面板图

daN—最大吸收驱动力，是力的单位，1daN=10N

a)

b)

▲ 图 2-8 辅助装置

a）用三角铁挡块顶住非驱动车轮 b）发动机前放置鼓风机

根据驱动轮输出功率检测的内容，结合汽车检测线工位情况，检测具体流程见表 2-4。

表 2-4 驱动轮输出功率检测操作流程

一、检测前工位准备		
操作步骤	操作方法与流程	示意图
1. 检测设备的准备	1）对于水冷测功机，应将冷却水阀打开 2）为防止发动机过热，将冷却风扇置于被检汽车前方约 0.5m 处，对发动机吹风	
2. 被检汽车的准备	1）调整发动机点火系统至最佳工作状态 2）轮胎气压应符合汽车制造厂的规定 3）轮胎上粘有油污、泥土、水或花纹沟槽内嵌有石子时，应清理干净 4）轮胎花纹深度必须符合 GB 7258—2017《机动车运行安全技术条件》的规定 5）运行汽车，使发动机冷却液达到正常工作温度 6）检查汽车传动系统的连接状况	

二、检测方法及流程		
操作步骤	操作方法与流程	示意图
检测流程	1）开上测功机，使被测汽车的驱动轮与滚筒垂直 2）接通电源，升起举升器托板，根据被检车的功率，通过功能选择键来选择测试功率的档位 3）用两个三角铁挡块抵住被检汽车从动轮的前方，进行必要的纵向约束 4）起动发动机，松开驻车制动，逐渐踩下加速踏板，同时调节测功机制动力矩对滚筒加载，使发动机在全负荷工况下以额定功率相应的转速运转 5）待发动机转速稳定后，测功机会自动地记录驱动车轮的输出功率值或驱动力值以及试验车速值。重复检测三次，取平均值	带轮　飞轮　滚筒 电磁离合器

（续）

二、检测方法及流程

操作步骤	操作方法与流程	示意图
检测流程	6）保持发动机全负荷运转，调节功率吸收装置的负荷，测出额定转矩相应转速时驱动轮输出功率值或驱动力值以及试验车速值。重复检测三次，取平均值 如需测出驱动车轮在不同档位下的输出功率或驱动力，则要依次挂入每一档按上述方法进行检测。发动机部分负荷选定车速下驱动轮输出功率或驱动力的检测与此大致相同 7）全部检测结束，待驱动轮停止转动后，移开风扇，去掉车轮前的三角铁挡块，举起举升器的托板，将被检汽车驶离试验台 8）切断测功机电源，收检仪器、工具和量具等，并清洁工作现场	

三、检测结果记录与分析

操作步骤	操作方法与流程	示意图
记录检测结果	<table><tr><td>项　　目</td><td>结论</td></tr><tr><td>驱动轮输出功率</td><td></td></tr><tr><td>额定功率转速下驱动轮输出功率</td><td></td></tr><tr><td>额定转矩转速下驱动轮输出功率</td><td></td></tr><tr><td>结论（合格否）</td><td>□合格 □不合格</td></tr></table>	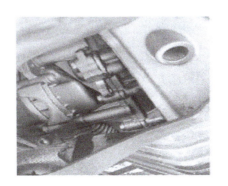

四、驱动轮输出功率不合格的分析

操作步骤	操作方法与流程	示意图
1. 检查传动系统部件，除离合器外	1）在制动试验台上检测车轮的阻滞力 2）在底盘测功机上做滑行性能试验。方法是，根据被检汽车的空车质量选择适合的飞轮，操纵电磁离合器使飞轮与测功机滚筒结合，将车速提高到30km/h，稳定一段时间后，迅速踩下离合器踏板，变速器置空档，测试滑行距离。如果滑行距离符合规定，说明底盘技术状况基本合格	

（续）

| 四、驱动轮输出功率不合格的分析 |||
操作步骤	操作方法与流程	示　意　图
2. 检查离合器	1）检查离合器踏板有无自由行程，如若不符合标准应进行调整 2）检查离合器从动盘摩擦片，如若不符合标准应进行更换	

用气缸压力表检测气缸密封性的方法步骤

1) 发动机正常运转，使冷却液温度达到 75℃ 以上。

2) 停机后，拆下空气滤清器，用压缩空气吹净火花塞或喷油器周围的灰尘和脏物，然后卸下全部火花塞或喷油器，并按气缸次序放置。对汽油发动机，还应把分电器中央电极高压线拔下并可靠搭铁。

3) 把气缸压力表的橡胶接头插在被测气缸的火花塞孔内，扶正压紧。

4) 节气门和阻风门置于全开位置，用起动机转动曲轴 3～5s，待压力表头指针指示并保持最大压力后停止转动。

5) 取下气缸压力表，记下读数，按下单向阀使压力表指针回零。

按上述方法依次测量各缸气缸压力，每缸测量次数不少于两次。

诊断标准：在用汽车发动机各气缸压力应不小于原设计值的 85%，每缸压力与各缸平均压力的差：汽油机应不大于 8%，柴油机应不大于 10%。大修竣工发动机的气缸压力应符合原设计规定，每缸压力与各缸平均压力的差：汽油机不超过 8%，柴油机不超过 10%。

考核项目	评分标准	分值	小组互评（50%）	教师评价（50%）	小计
汽车动力不足的原因及现象	能叙述	10			
驱动轮输出功率的评价指标及国家标准	能完整叙述	10			
底盘测功机的构成	能叙述	10			
底盘测功机的使用方法	能叙述	10			
在指定工位上完成驱动轮输出功率的检测	能熟练操作	10			

（续）

考核项目	评分标准	分值	小组互评（50%）	教师评价（50%）	小计
会读取检测结果并对结果进行判断	会判断、会分析	10			
能对汽车底盘各系统进行调整与维修	懂操作、会操作	10			
规范实训操作	是否规范	10			
活动参与	是否积极主动	5			
劳动纪律	是否严格遵守	5			
团队合作	是否和谐	5			
现场7S	是否进行	5			
总评：		100			

教师签名：_____　　　　　　　　　　_____年_____月_____日

任务三　汽车动力性路试检测

任务目标

1. 掌握汽车动力性的评价参数及指标；
2. 掌握汽车动力性路试检测设备及使用方法；
3. 能熟练地在指定试验道路上完成汽车动力性检测；
4. 能依据检测数据，并根据国家的检测标准对检测结果进行分析，进一步确定故障的原因。

任务描述

某货车行驶一定里程以后，发动机无负荷运转时基本正常，带负荷运转时加速缓慢、上坡无力，加速踏板踩到底时仍感到动力不足，转速升不高，达不到最高车速。那么，若解决此问题首先要进行汽车路试的检测。

知识准备

汽车的动力性能还可以通过室外试验，即道路试验来评定。道路试验是使汽车在不同环境条件的道路上进行的，是最符合实际、最基本的评定方法。但由于道路试验受到道路条件、风向、风速和驾驶技术等因素的影响，而且这些因素可控性较差，故应用较少。

一、汽车动力性的评价指标

汽车动力性是指在良好、平直的路面上行驶时，汽车由所受到的纵向外力决定的、所能达到的平均行驶速度。汽车的动力性越好，平均行驶速度就越高，汽车的运输效率也就越高。从获得尽可能高的平均行驶速度的观点出发，汽车动力性主要应由汽车最高车速、加速性能和最大爬坡度这三个方面的指标来评定。

1. 汽车的最高车速

汽车的最高车速是指汽车以额定的最大总质量，在风速不大于3m/s的条件下，在干燥、清洁和平坦的混凝土或沥青路面上，汽车能够达到的最高稳定行驶速度v_{max}。

2. 汽车的加速性能

汽车的加速性能是指在行驶中迅速增加行驶速度的能力。通常用汽车加速时间来评价。而汽车加速时间分为原地起步加速时间与超车加速时间两种。

（1）原地起步加速时间　原地起步加速时间指汽车由1档或2档，并以最大的加速强度逐步换至最高档，达到某一车速或距离所需的时间。一般常用原地起步行驶，从0→100km/h车速所需的时间来表明汽车原地起步加速能力，也有的用原地起步从0→400m距离所需的时间来表明汽车原地起步加速能力。

（2）超车加速时间　超车加速时间指用高档由某一较低车速全力加速至某一高速所需的时间。超车加速时间一般采用以最高档或次高档由30km/h或40km/h全力加速至某一高速（一般为80%v_{max}）所需的时间，还有的用加速过程曲线，即车速-时间关系曲线全面反映加速能力。

3. 汽车的最大爬坡度

汽车的上坡能力用满载时汽车在良好路面上的最大爬坡度i_{max}来表示。最大爬坡度是指汽车满载时在良好路面上用一档克服的最大道路纵向坡度。

在各种车辆中，越野车的最大爬坡度i_{max}最大，货车次之，轿车一般不强调爬坡度。

二、汽车动力性的检测项目及评价指标

汽车动力性能在道路试验中的检测项目一般有高档加速时间、起步加速时间、最高车速、陡坡爬坡车速和长坡爬坡车速等，有时为了评价汽车的拖挂能力，还进行汽车牵引力检测。另外，有时为了分析汽车动力的平衡问题，采用高速滑行试验测定滚动阻力系数f及空气阻力系数C_D。

为了使试验数据具有通用性、可比性和准确性，国内外均用法规规定了标准统一的汽车道路试验方法。我国道路试验标准如下：汽车动力性路试基本规范可按照GB/T 12534—1990《汽车道路试验方法通则》进行，汽车最高车速试验按照GB/T 12544—2012《汽车最高车速试验方法》的有关规定进行，汽车加速性能试验按照GB/T 12543—2009《汽车加速性能试验方法》的有关规定进行，汽车爬陡坡试验按照GB/T 12539—1990《汽车爬陡坡试验方法》的有关规定进行，汽车牵引力性能试验按照GB/T 12537—1990《汽车牵引性能试验方法》的有关规定进行。

三、汽车动力性路试试验条件

1. 汽车条件

要求汽车的发动机、传动系统、行驶系统和转向系统等完好无损，各轮胎气压正常，

装载质量为厂定最大装载质量，客车乘员质量或替代重物也应符合规定要求。

试验前汽车应进行预热行驶，使发动机达到正常行驶温度。

2. 道路条件

进行最高车速试验的道路应是平坦、干燥、清洁的沥青或混凝土路面，路长 2~3km，宽度不小于 8m，纵向坡度在 0.1% 以内。当进行最大爬坡度试验时，要求坡道长度不小于 25m，坡度均匀，坡前应有 8~10m 的平直路段。

3. 气象条件

试验应在没有雨雾的天气下进行，气温在 0~40℃，相对湿度小于 95%，风速不大于 3m/s。

4. 测量仪器设备要求

路试要求测量汽车行驶的速度、加速度、行驶里程和时间等，使用的仪器主要是第五轮仪或非接触式车速仪等。

第五轮仪如图 2-9 所示。机械部分主要就是一个车轮，使用时拖在车后，故称为"第五轮"。

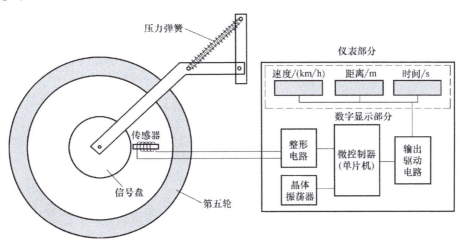

▲ 图 2-9 第五轮仪的组成原理示意图

附加的机械装置可使第五轮对地面有一定压力，以保持与地面的良好接触。电子仪表部分包括传感器、微控制器（单片机）以及显示仪表等，传感器多用磁电式或光电式，相应的信号盘则使用多齿或多孔的圆盘。当信号盘随车轮一起转动时，传感器每经过一个齿或孔都会感应出电信号。

磁电式传感器产生的信号是非正弦周期信号，需经过整形电路处理后形成一系列脉冲，如图 2-10 所示。

对于光电式传感器，它可以直接产生脉冲信号，就不需要整形处理。由于信号盘圆周上的齿或孔数是固定的，车轮每转一周产生的脉冲数就是一定。这样微控制器就可以根据单位时间接收到的脉冲数计算出车轮的转速，再根据转速可折算出汽车行驶速度（km/h），并根据行驶时间（s）计算出行驶距离（m 或 km）。

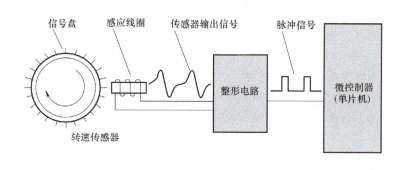

▲ 图 2-10　磁电式转速传感器及输出信号处理

第五轮仪有时因路面状况不良而打滑，或因轮胎气压等原因而影响测试精度，而且不适合 180km/h 以上的高速测试。因而近年来多采用非接触式车速仪代替第五轮仪。

非接触式车速仪采用光电原理和滤波技术，投光器向地面发射光束，受光器根据地面的反射信号经过滤波处理后得到的光电信号频率来计算车速。其原理比较复杂，这里不再详述。

任务实施

根据汽车动力性路试检测的内容，待检车辆检测的具体流程见表 2-5。

表 2-5　汽车动力性路试检测操作

一、检测前工位准备		
操作步骤	操作方法与流程	示　意　图
1. 设备的准备	1）对设备进行检测，看是否完好 2）将设备组装好，并进行调试	
2. 被检汽车的准备	1）调整发动机供油系统、点火系统至最佳工作状态 2）轮胎气压应符合汽车制造厂的规定 3）轮胎上粘有油污、泥土、水或花纹沟槽内嵌有石子时，应清理干净 4）轮胎花纹深度必须符合 GB 7258—2017《机动车运行安全技术条件》的规定 5）运行汽车，使发动机冷却液温度达到正常工作温度	

(续)

二、检测方法及流程

操作步骤	操作方法与流程	示　意　图
检测流程	1）最高车速试验。试验前，应先检查车辆的转向、制动等效能，以保证安全。试验时，应关闭汽车门窗。直线道路测量区长度应至少 200m，环形道路测量区长度应至少 2000m，测试区应保留足够的加速路段，使汽车在进入测量路段前能够达到最高稳定车速 试验车在加速期间以最佳加速状态行驶，将加速踏板踩到底，换入最高车速对应档位，使汽车以最高稳定的车速通过测试路段。试验往返各一次，按下式测量计算结果： $$v=\frac{3.6S}{t}$$ 式中　v——汽车最高车速（km/h） 　　　S——测量道路长度（m） 　　　t——测试时间（s） 2）加速性能试验。汽车的加速性能与动力性能有直接的关系。加速性能试验分为原地起步加速试验和超车加速试验 ①原地起步加速试验是指：汽车在平直道路上用起步档位起步后，以最大的加速度逐步换到最高档后，测试达到预定距离或车速时所需要的时间。具体规定各国不同，对轿车常用 0~80km/h 或 0~100km/h 的时间作为评价指标，规定的距离一般为 0~400m、0~800m 或 0~1000m 等。起步加速时间越短，加速性能越好 ②超车加速试验也称为最高档或次高档加速性能试验，反映了汽车行驶中突然加速的快慢程度。试验时变速器置于预定档位，加速中不能换档。先以预定车速作为等速行驶，进入测试路段后迅速将加速踏板踩到底，汽车以最大加速度行驶至某一高速，记录从低速到高速所需要的时间	

三、检测结果记录与分析

操作步骤	操作方法与流程		检测结论
记录检测结果	评价指标	数值记录	□合格　□不合格
	最高车速		
	加速性能		

影响汽车动力性的主要因素分析

汽车动力性主要受发动机特性、主减速器传动比、变速器档数及传动比、汽车总质量、轮胎尺寸与形式和使用因素等影响。

（1）发动机特性　发动机特性受其结构形式的影响，不同类型的发动机有不同的特性。

（2）主减速器传动比　主减速器传动比的选择主要考虑汽车的用途及经常使用的道路条件。

（3）变速器档数　当无副变速器和分动器时，传动系统档数即为变速器前进档的档数。当变速器档数增加时，发动机在接近最大功率工况下工作的机会增加，发动机的平均功率利用率高，后备功率增大，有利于汽车加速和上坡，提高了汽车中速行驶的动力性。

（4）变速器传动比　有变速器的最小传动比和最大传动比以及变速器各档传动比的比例关系。

（5）汽车总质量　当汽车总质量增加时，动力因数将随之下降，而道路阻力和加速阻力随之增大。因此对于额定载货质量一定的汽车，在保证刚度与强度足够的前提下，应尽量减小自身质量，以提高汽车的动力性。

（6）轮胎尺寸与形式　汽车的驱动力与滚动阻力以及附着力都受轮胎的尺寸与形式的影响，故合理选用轮胎花纹与形式对汽车的动力性有重要意义。

（7）使用因素　汽车的动力性还在不同程度上受到汽车运行条件的影响，如气候、高原山区、道路条件、交通规则与运输组织等。在汽车使用过程中，加强维护，采用正确的驾驶方法和合理的运输组织，充分发挥汽车动力性能，以提高运输速度与运输生产率。

评价反馈

考核项目	评分标准	分值	小组互评（50%）	教师评价（50%）	小计
汽车动力性不足的原因及现象	能叙述	10			
汽车路试动力性检测的参数	能完整叙述	10			
汽车动力性路试试验条件	能叙述	10			
动力性路试检测设备操作方法	能熟练操作	10			
会读取试验结果并对结果进行分析判断	会判断、会分析	10			
能对汽车动力不足进行对应的调整与维修	懂操作、会操作	10			
任务实施	是否完整进行	10			
规范实训操作	是否规范	10			
活动参与	是否积极主动	5			
劳动纪律	是否严格遵守	5			
团队合作	是否和谐	5			
现场7S	是否进行	5			
总评：		100			

教师签名：＿＿＿＿＿＿＿＿＿＿＿＿　　　　　　　　　　　＿＿＿＿年＿＿＿＿月＿＿＿＿日

练习与思考题

一、选择题

1. 发动机在加速过程中某一转速下的功率,与该转速及其转速变化率成（　　）。
   A. 正比　　　　B. 反比　　　　C. 没有关系　　　　D. 都不对
2. 当发动机的节气门突然全开时,发动机由起始转速加速到终止转速的时间越短,则其有效加速功率越（　　）。
   A. 大　　　　B. 小　　　　C. 没有关系　　　　D. 都不对
3. 发动机的功率不得低于原设计标定功率的（　　）。
   A. 99%　　　　B. 90%　　　　C. 75%　　　　D. 50%
4. 大修竣工发动机的气缸压力应符合原设计规定,每缸压力与各缸平均压力的差:汽油机不超过（　　）,柴油机不超过（　　）。
   A. 7%　9%　　　B. 8%　10%　　　C. 5%　8%　　　D. 15%　8%
5. 汽车动力性路试检测中往往受到（　　）、风向、风速和驾驶技术等因素的影响,而且这些因素可控性较差,故应用较少。
   A. 道路条件　　　B. 气候　　　C. 湿路　　　D. 客观条件

二、填空题

1. 底盘测功的目的,一是为了获得驱动车轮的输出功率或驱动力,以便评价汽车的_____;二是获得驱动轮输出功率与发动机输出功率进行对比,可求出_____,以便判断底盘传动系统的技术状况。
2. 滚筒式底盘测功机,一般由滚筒装置、_____、_____和辅助装置四部分组成。
3. 发动机功率检测分为_____和_____两种。
4. 发动机平均功率与加速时间成_____,即当发动机的节气门突然全开时,发动机由起始转速加速到终止转速的时间越长,则其有效加速功率_____。
5. 汽车动力性主要应由_____、_____和_____这三个方面的指标来评定。
6. 汽车加速时间分为_____与_____两种。

三、简答题

1. 简述底盘测功机的测量方法及基本原理。
2. 测量结果如果不符合国家标准,简述可能导致的故障原因。
3. 简述稳态测功和无外载测功两者之间有什么区别。
4. 简述无外载测功的测量方法及其依据的原理。
5. 简述第五轮仪的工作原理。

项目三
汽车经济性能检测

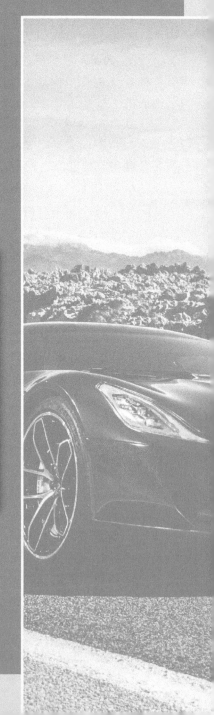

任务一　汽车油耗检验台检测

1. 掌握汽车燃油经济性评价指标及国家标准；
2. 掌握汽车油耗检测的方法；
3. 掌握汽车油耗试验的设备构成及使用方法；
4. 能熟练地在指定设备上完成汽车油耗的检测；
5. 能读取检测数据，并根据国家的检测标准对检测结果进行分析，进一步确定故障的原因。

任务描述

某货车行驶一定里程以后，发动机开始出现怠速抖动，油耗明显增大。要解决这一问题首先要进行汽车油耗的检测。

知识准备

一、汽车燃油经济性评价指标

汽车燃油经济性即汽车以尽量少的燃油消耗量完成单位运输工作量的能力，或单位行程的燃油消耗量。汽车燃油经济性的评价指标通常有以下几种方式：

1. 单位行驶里程的燃油消耗量

单位行驶里程的燃油消耗量，也称为百公里油耗。在我国及欧洲，常用汽车行驶100km所消耗的燃油升数来评价，单位为L/100km。数值越小，表明燃油经济性越好。

2. 消耗单位量的燃油所行驶的里程

在美国，采用汽车每消耗1gal燃油所能行驶的英里数来评价，单位为mile/Usgal；而日本采用每消耗1L燃油所能行驶的公里数来评价，单位为km/L。数值越大，表明燃油经济性越好。

以上两种评价方式都只考虑了汽车行驶里程与油耗的关系，适用于比较同类型汽车或同一汽车装载不同部件时的燃油经济性。

3. 单位运输工作量的燃油消耗量

对于比较不同类型、不同装载质量汽车的燃油经济性则要用单位运输工作量的燃油消耗量，单位为L/100t·km。

二、汽车燃油经济性的检测方法

1. 按试验工况分类

（1）等速百公里油耗　实用燃油经济性常用等速行驶百公里燃油消耗量（简称等速油耗）来评价，即汽车在额定载荷下，以最高档在水平良好路面上等速行驶 100km 的燃油消耗量。等速行驶工况是汽车在道路上运行的一种基本工况，这种油耗易于测定，所以得到广泛的采用。

（2）循环油耗　循环油耗是指在一段指定的典型路段内汽车以等速、加速和减速三种工况行驶时的耗油量。有些还要计入起动和急速停车等工况的耗油量，然后折算成百公里耗油量。一些汽车的技术性能表将循环油耗标注为"城市油耗"，而将等速百公里油耗标注为"等速油耗"。

一般来说，循环油耗与等速百公里油耗（指定车速）加权平均取得综合油耗值，能比较客观地反映汽车的耗油量。现代轿车给出的城市循环油耗和公路循环油耗，更确切地说应为城市综合油耗和公路综合油耗。

2. 按试验场地分

（1）路试法

1）不控制的道路试验。不控制的道路试验是指对行驶道路、交通情况、驾驶习惯和周围环境等各方面因素都不加控制的道路试验方法。由于各种使用因素的随机变化，要获得分散度小的数据是很困难的。

2）控制的道路试验。测量燃油消耗时维持行驶道路、交通情况、驾驶习惯和周围环境等中的一个或几个因素不变的方法，称作"控制的道路试验"。

3）循环道路试验。路上的循环试验指的是汽车完全按规定的车速-时间规范进行试验。何时换档、何时制动以及行车的速度、加速度和制动减速等都在规范中加以规定。

（2）台试法　台试法是指用底盘测功机构成汽车行驶状态模拟系统，在室内模拟各种道路试验工况，即通过加载方式模拟汽车在道路上行驶时所受到的惯性阻力、滚动阻力、空气阻力及负荷特性等，然后用燃油消耗测量仪测定汽车的等速（或循环）燃油消耗量。

三、汽车燃油经济性的检测设备与使用

汽车燃油经济性的检测是由底盘测功机和油耗计配合使用下完成的。底盘测功机用于提供活动路面并模拟汽车在道路上行驶时的阻力，油耗计则主要用于燃油消耗量的测量。油耗计种类繁多，有容积式、重量式、流量式和流速式等测量方法。大多数油耗计都能连续、累计测量，但测试的流量范围和流量误差各不相同，在这里主要介绍目前应用最广泛的容积式的测量方法。

1. 容积式油耗计的基本结构

容积式车用油耗计按传感器的结构分类，有膜片式、活塞式和量管式；按计量显示仪表分类，有电磁计数器式和数字显示式。

四活塞式车用油耗计的传感器由流量测量机构和信号转换机构组成。流量测量机构

主要由十字形配置的四个活塞和旋转曲轴构成，用于将一定容积的燃油流量转变为曲轴的旋转。在泵油压力的作用下，燃油推动活塞往复运动，四个活塞各往复运动一次，曲轴旋转一周，完成一个工作循环，如图 3-1 所示。

曲轴每旋转一圈，各缸分别泵油一次，曲轴每转一周的泵油量为

$$V = \frac{4\pi D^2}{4} \times 2h = 2\pi D^2 h \tag{3-1}$$

式中　V——四缸排油量（cm^3）；

　　　D——活塞直径（cm）；

　　　$2h$——两倍的曲轴偏心距，即活塞行程（cm）。

经上述流量测量机构的转换后，测燃油消耗量转化为测定曲轴的旋转圈数。

信号转换机构能把曲轴的转动变成光电脉冲信号，脉冲信号送入计量显示仪表，经过计算和处理后，即可显示出流经的燃油量。

四活塞式车用油耗计的计量显示仪表多采用具有运算功能的数字显示仪表，现在已经发展成微机控制的智能化仪表。如国产 SLJ-3 型流量计，能够测定各种类型发动机油耗的多种参数；国产 ZHZ14 型汽车综合参数仪，不仅包括油耗计功能，同时还具有测试试验车速、累计里程和燃油温度等功能。

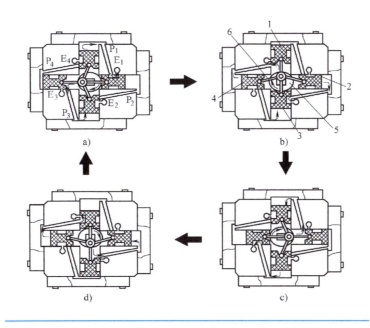

▲ 图 3-1　四活塞式油耗传感器的工作原理

1、2、3、4—活塞　5—曲轴　6—连杆　P_1、P_2、P_3、P_4—油道　E_1、E_2、E_3、E_4—排油口

2. 车用油耗计使用方法

以 ZHZ14 型汽车综合参数测试仪为例，介绍车用油耗计的一般使用方法：

① 将车用油耗计与汽油燃油管连接好，传输信号的电缆插入传感器的插座上，另一端插入计量显示仪表输入插座上。

② 接通电源，开机并按下"自校"键，仪器自动进入自检状态。

③ 按下"起动"键，仪器将自检数据清零，进入正常测量状态。

④ 通过按键，仪器可显示累计行驶里程、累计油耗量、瞬时油耗量、累计时间、试验车速和燃油温度等参数。

⑤ 按下"打印"键，可打印测量结果。

该仪器还设置了专用试验功能，可自动完成国家标准规定的等速行驶耗油量测量和多工况耗油量测量。手动完成百公里耗油量测量等，能省去标杆和指示人员。测量中可通过按键选择不同的测量方式。

3. 检测油路的连接与油路中气泡的排除

（1）油路的连接　油耗计在油路中的连接，对于一般无回油管路的汽油车，可将油耗计传感器串接在燃油泵与化油器之间，使传感器的入口接燃油泵的出口，传感器出口则接化油器的入口。

电控燃油喷射发动机应串接在燃油滤清器与燃油分配管之间，从燃油压力调节器经回油管流回燃油箱的燃油应改接在油耗计传感器与燃油分配管之间，避免重复计量，如图 3-2 所示。

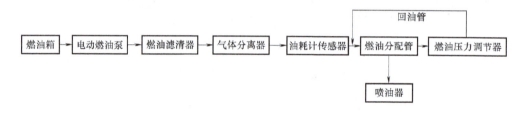

▲ 图 3-2　电喷汽油车检测油路的连接

柴油机应串接在柴油滤清器与喷油泵之间，从高压回油管和低压回油管流回的燃油应接在油耗计传感器与喷油泵之间，以免重复计量，如图 3-3 所示。串接好的油耗计应放置平稳或吊挂牢固。

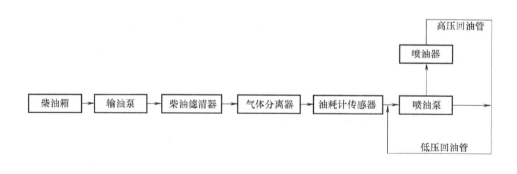

▲ 图 3-3　柴油车检测油路的连接

（2）油路中气泡的排除　油路中的气泡对油耗检测结果影响很大，油耗计将会把气泡所占的容积当作燃油消耗量计量，使得检测数据高于实际数，造成测量值的失真。因此，测量开始前应将管路中的气体排净。比较妥当的办法是在油耗计的进口处串接气体分离器，以保证测量精度，如图 3-2、图 3-3 所示。当混有气体的燃油进入分离器浮子室时，气体会迫使浮子室内的油平面下降，针阀打开，气体排入大气，从出油管进入传感器的燃油便没有气体了，使测量精度提高。

① 汽油机：把车上从燃油箱到燃油泵的管路"短路"，装上密封性好无堵塞的新油管，用性能较稳定的电动燃油泵和燃油滤清器代替原车相应部件，减短燃油泵到传感器的油管长度，使燃油泵到油耗计传感器的阻力大大减小，从而避免了空气气泡对检测结果的不良影响。

② 柴油机：在油路中装好油耗计后，用手动泵泵油，以泵油压力排除油路中的空气泡。此项工作需在发动机起动之前完成，且测量完拆去油耗计恢复原油路后仍需排除油路中刚产生的空气泡。

四、汽车燃油经济性的国家标准

为了提高燃油经济性、降低燃料消耗，国家发布了 GB 27999—2014《乘用车燃料消耗量评价方法及指标》。本标准规定了乘用车车型燃料消耗量和企业平均燃料消耗量的评价方法及指标。本标准适用于最大设计总质量不超过 3500kg 的所有 M1 类车辆，包括能够燃用汽油或柴油燃料的车辆、纯电动车辆、燃料电池车辆、插电式混合动力车辆以及燃用气体燃料的车辆。不适用于仅燃用醇醚类燃料的车辆。目前，该标准按照整备质量的大小对乘用车燃料消耗量的目标限值做出了具体规定，见表 3-1。

表 3-1　具有三排以下座椅车辆车型燃料消耗量目标值

汽车整备质量 CM/kg	车型燃料消耗量目标值 L/100km	汽车整备质量 CM/kg	车型燃料消耗量目标值 L/100km
CM ≤ 750	4.3	1540 < CM ≤ 1660	5.5
750 < CM ≤ 865	4.3	1660 < CM ≤ 1770	5.7
865 < CM ≤ 980	4.3	1770 < CM ≤ 1880	5.9
980 < CM ≤ 1090	4.5	1880 < CM ≤ 2000	6.2
1090 < CM ≤ 1205	4.7	2000 < CM ≤ 2110	6.4
1205 < CM ≤ 1320	4.9	2110 < CM ≤ 2280	6.6
1320 < CM ≤ 1430	5.1	2280 < CM ≤ 2510	7.0
1430 < CM ≤ 1540	5.3	2510 < CM	7.3

任务实施

根据汽车油耗试验检测的内容，利用底盘测功机及油耗计对车辆油耗进行检测，具体流程见表 3-2。

表 3-2　汽车油耗试验检测操作

一、检测前工位准备		
操作步骤	操作方法与流程	示意图
1. 设备的准备	1）底盘测功机应预热至正常工作温度 2）安装油耗计和气体分离器，并排除供给系统中的气体	
2. 被检汽车的准备	1）调整发动机供油系统、点火系统至最佳工作状态 2）轮胎气压应符合汽车制造厂的规定 3）轮胎上粘有油污、泥土、水或花纹沟槽内嵌有石子时，应清理干净 4）轮胎花纹深度必须符合 GB 7258—2017《机动车运行安全技术条件》的规定 5）运行汽车，使发动机冷却液温度达到正常工作温度	

二、检测方法及流程		
操作步骤	操作方法与流程	示意图
检测流程	1）汽车开上底盘测功机，落下举升器，变速器置于直接档，同时给滚筒加载，使车辆模拟满载等速行驶，直至达到规定试验车速 2）待车速稳定后，测量不低于 500m 行程的燃料消耗量。连续测量 2 次，取其算术平均值，即为等速行驶燃料消耗量，再计算等速百公里燃料消耗量	

三、检测结果记录与分析		
操作步骤	操作方法与流程	检测结论
记录检测结果	评价指标：等速百公里燃料消耗量　数值记录：	□合格　□不合格

四、油耗不合格的分析		
操作步骤	操作方法与流程	示意图
1. 发动机技术状况	1）柴油机喷油系统的燃油泵和喷油器调整不当 2）活塞、活塞环与气缸缸壁磨损过大 3）气门机构密封不严或气门间隙过大 4）发动机温度过高或过低	
2. 汽车底盘技术状况	1）离合器有打滑故障 2）变速器各轴、轴承和齿轮之间的配合间隙过小 3）前束调整不当 4）制动鼓有拖滞现象	

知识拓展

汽车油耗过高的解决方法与途径

1）使用中耗油率比原厂规定或定额值高,可调整主配剂针或换装合适的主量孔。当运行中调整时,可运用优选法调整至经济值 14.7 : 1。

2）机件损坏失效或调整不当(如点火过迟、火花塞间隙不当、断电器触点间隙不当等)。应正确选择点火正时,校准火花塞断电器间隙,排除和检查点火系统机件的技术状况和故障。

3）供油量过大,各缸供油量不均匀或雾化不良等,要及时调整。如发现排气管冒黑烟、工作无力、冷却液温度过高,要正确选择供油和喷油提前角。

4）活塞、活塞环与气缸缸壁配合间隙过大或气门缸垫漏气,应更换活塞环或大修更换缸套,重新镗气缸(标准压力值:在修 90%,二保 85%,最小不低于原厂设计的 75%。大修后东风车为 95%,其他车为 90%)。

5）进、排气门与气门座接触不良,或气门间隙调整不当。可通过声响大小和测量气缸压力来定。研磨气门,调整气门间隙。

6）若温度高,应清除散热器和发动机水套中的水垢,调整风扇传动带松紧度,检修水泵,检查并调整风扇叶片角度;若温度低,应检查百叶窗关闭是否严密,检查节温器的工作状况并检查加热加装的保温套。

7）制动鼓发热,制动拖滞,温度升高阻力增大,要调整制动鼓与制动蹄片的间隙。

评价反馈

考核项目	评分标准	分值	小组互评（50%）	教师评价（50%）	小计
能分析汽车油耗过高的原因及现象	能叙述	10			
汽车油耗检测的评价指标及国家标准	能完整叙述	10			
汽车油耗检测设备的使用方法	能叙述	10			
能熟练操作汽车油耗仪	能熟练操作	10			
能熟练地在指定设备上完成汽车油耗的检测	能熟练操作	10			
会读取试验结果并对结果进行判断	会判断、会分析	10			
能对油耗检测系统进行调整、维修	懂操作、会操作	10			
规范实训操作	是否规范	10			
活动参与	是否积极主动	5			
劳动纪律	是否严格遵守	5			
团队合作	是否和谐	5			
现场 7S	是否进行	5			
总评：		100			
教师签名：			年 月 日		

任务二 汽车油耗路试检测

1. 掌握汽车油耗路试检测条件；
2. 掌握汽车油耗路试检测的设备及使用方法；
3. 能熟练在特定路段完成汽车油耗路试的检测；
4. 能读取检测数据，并对检测结果进行分析，进一步确定故障的原因。

 任务描述

某货车行驶一定里程以后，发动机开始出现怠速抖动，油耗明显增大。前面已讲过汽车油耗试验台的检测，接下来就要进行汽车油耗路试的检测。

 知识准备

一、汽车油耗路试条件

1. 汽车条件

汽车在进行工况循环燃油消耗量试验时不需要磨合，但在进行等速行驶燃油消耗量试验时需要磨合，磨合应行驶至少 3000km。

试验车辆各性能应保证正常，汽车的装载质量、轮胎气压等都应符合规定，润滑油和燃油都应符合车辆制造厂的规定。

试验车辆应根据制造厂的规定调整发动机和车辆操纵件。

试验前，汽车应放在环境温度为 20~30℃ 的环境下至少 6h，直至发动机润滑油温度和冷却液温度达到该环境温度 ±2℃，车辆应在常温下运行之后的 30h 内进行试验。

试验时，应关闭车窗和驾驶室通风口。

2. 燃油消耗量的测量条件

距离的测量准确度应为 0.3%，时间的测量准确度应为 0.2s，燃油消耗量、行驶距离和时间的测量装置应同步起动。

燃油通过一个精确度为 ±0.2% 的能测量质量的装置供给发动机，该装置使车辆上的燃油记录装置进口处的燃油压力和温度的改变分别不超过 10% 和 ±5℃，如果选用容积法测量时，应记录测量点的燃油温度。

3. 环境条件

试验应在没有雨雾的天气进行，气温在5~35℃范围内，大气压力应在91~104kPa范围内，相对湿度小于95%，风速不大于3m/s，阵风风速不大于5m/s。

4. 测试仪器条件

车速测试仪器和油耗计的精度应为0.5%，计时器最小读数为0.1s。

二、路试的主要测试项目

路试的主要测试项目常见的有直接档全节气门加速燃油消耗量试验、等速燃油消耗量试验、多工况燃油消耗量试验和限定条件下的平均使用燃油消耗量试验四种。在这里主要介绍直接档全节气门加速燃油消耗量试验、等速燃油消耗量试验这两个项目。

其中，等速燃油消耗量试验，是指汽车在常用档位，以每隔10km/h的整数倍的各预选车速，通过一定的测量路段，所测定燃油消耗量Q_0。试验时间间隔（包括达到预定车速所需的助跑时间）应尽量缩短，以保持稳定的热状态。

各平均实测车速v_a及其相应的等速油耗量的平均值Q_0的关系式为

$$v_a = \frac{3.6S}{t} \tag{3-2}$$

$$Q_0 = \frac{F}{S} \times 100 = \frac{3.6F}{v_a t} \times 100 \tag{3-3}$$

式中　v_a——检测车速（km/h）；

　　　S——测量距离（m），此处$S=500$m；

　　　t——燃油消耗时间（s）；

　　　F——燃油消耗量（mL）；

　　　Q_0——满载百公里燃油消耗量检测值（L/100km）。

任务实施

根据汽车油耗路试检测的内容，对待检测车辆进行检测，具体流程见表3-3。

表3-3　汽车油耗路试检测操作流程

一、检测前工位准备		
操作步骤	操作方法与流程	示意图
1. 测试路段	试验测试路段长度至少为2000m	

(续)

一、检测前工位准备		
操作步骤	操作方法与流程	示意图
2. 被检汽车的准备	1)调整发动机供油系统、点火系统至最佳工作状态 2)轮胎气压应符合汽车制造厂的规定,误差不超过 10kPa 3)轮胎上粘有油污、泥土、水或花纹沟槽内嵌有石子时,应清理干净 4)轮胎花纹深度必须符合 GB 7258—2017《机动车运行安全技术条件》的规定 5)运行汽车,使发动机冷却液温度达到正常工作温度	

二、检测方法及流程		
操作步骤	操作方法与流程	示意图
检测流程	1)直接档全节气门加速燃油消耗量试验 　试验时,汽车挂直接档(没有直接档可用最高档),以(30±1)km/h 的速度,稳定通过 50m 的预备段,在测试路段的起点开始,节气门全开,加速通过测试路段,测量并记录通过测试段的加速时间、燃油消耗量及汽车在测试段终点时的速度,见右图。 　试验往返进行两次,测得同方向加速时间的相对误差不大于 5%。取测得四次加速时间试验结果的算术平均值作为测定值,且要符合该车技术条件的规定	

	2)等速燃油消耗量试验 　试验车速从 20km/h(最小稳定车速高于 20km/h 时,起始车速定为 30km/h)开始,以每隔 10km/h 均匀选取车速,测量通过 2000m 试验路段的燃油消耗量和通过时间。测试车速直到最高车速的 90% 为止,至少测定五个车速。同一车速往返各进行两次,取四次试验结果的算术平均值作为测定值,以消除风和坡度对测试结果的影响	

(续)

三、检测结果记录与分析

操作步骤	操作方法与流程		检测结论
记录检测结果	评价指标	数值记录	□合格 □不合格
	直接档全节气门加速燃料消耗量		
	等速百公里燃料消耗量		

 知识拓展

多工况燃油消耗量试验介绍

汽车运行工况可分为匀速、加速、减速和怠速等几种,当实际运行时,往往是上述几种工况的组合,并以此决定了汽车的油耗。各国根据不同车型车辆的常用工况,制定了不同的试验循环,既使得试验结果比较接近于实际情况,又可缩短试验周期。

多工况燃油消耗量试验的方法就是将不同车型的车辆严格依据各自的试验循环进行燃油消耗量测定。当怠速工况时,离合器应接合,变速器置于空档,从怠速运转工况转换为加速工况时,在转换前5s分离离合器,把变速器档位换为低速档,换档应迅速、平稳。在减速工况中,应完全放松加速踏板,离合器仍然接合,当车速降至10km/h时,分离离合器,必要时,减速工况中允许使用车辆的制动器。

当汽车在进行多工况试验时,加速、匀速和用车辆的制动器减速时,在每个试验工况除单独规定外,车速偏差为±2km/h。在工况改变过程中允许车速的偏差大于规定值,但在任何条件下超过车速偏差的时间不应大于1s,即时间偏差为±1s。

每循环试验后,应记录通过循环试验的燃油消耗量和通过的时间。当按各试验循环完成一次试验后,车辆应迅速掉头,重复试验,试验往返各进行两次,取四次试验结果的算术平均值作为多工况燃油消耗量试验的测定值。

轿车试验循环如图3-4中规定,其他车型有相应试验循环。

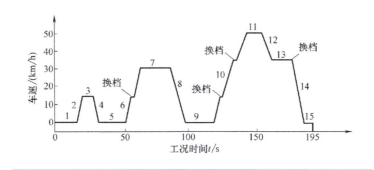

▲ 图3-4 我国轿车燃油经济性的循环行驶工况

 **评价反馈**

考核项目	评分标准	分值	小组互评（50%）	教师评价（50%）	小计
汽车油耗过高的原因及现象	能叙述	10			
汽车油耗路试检测条件	能完整叙述	10			
汽车油耗路试检测的设备及使用方法	能叙述	10			
在特定路段完成汽车油耗路试的检测	能熟练操作	10			
会读取检测结果并对结果进行分析判断	会判断、会分析	10			
能对汽车供油系统进行调整与维修	懂操作、会操作	10			
任务实施流程	是否完整	10			
规范实训操作	是否规范	10			
活动参与	是否积极主动	5			
劳动纪律	是否严格遵守	5			
团队合作	是否和谐	5			
现场 7S	是否进行	5			
总评：		100			

教师签名：_____　　　　　　　　　　　____年____月____日

 # 练习与思考题

一、选择题

1. 我国一般按行驶里程评价汽车的燃油经济性，评价指标的单位是（　　）。
   A. km/100L　　　B. kg/100km　　　C. L/100t·km　　　D. L/100km

2. 在汽车油耗试验中，底盘测功机用于提供活动路面并模拟汽车在道路上行驶时的（　　），油耗计主要用于燃油消耗量的测量。
   A. 阻力　　　B. 重力　　　C. 空气阻力　　　D. 上坡阻力

3. 汽车循环油耗是指在一段指定的典型路段内汽车以等速、加速和（　　）三种工况行驶时的耗油量。
   A. 减速　　　B. 上坡加速　　　C. 滚动阻力　　　D. 风速

4. 汽车油耗试验中，待车速稳定后，测量不低于（　　）行程的燃油消耗量。连续测量2次，取其算术平均值，即为等速行驶燃油消耗量，再计算等速百公里燃油消耗量。
   A. 500m　　　B. 1500m　　　C. 100m　　　D. 1200m

5. 如若出现排气管冒黑烟、工作无力、冷却液温度过高，要正确选择供油和喷油（　　）。

A. 迟后角　　　　　　B. 提前角　　　　　　C. 时间　　　　　　D. A 和 C 都对

6. 等速燃油消耗量试验，是指汽车在常用档位，起始车速为_____开始，以每隔 10km/h 的整数倍的各预选车速，通过一定的测量路段，所测定的燃油消耗量。

A. 20km/h　　　　　B. 10km/h　　　　　C. 30km/h　　　　　D. 50km/h

二、填空题

1. 汽车燃油经济性，即汽车以_____完成单位运输工作量的能力，或单位行程的燃油消耗量。

2. 汽车油耗计种类繁多，有_____、重量式、_____、流速式等测量方法。

3. 汽车在进行工况循环燃油消耗量试验时不需要磨合，但在进行等速行驶燃油消耗量试验时需要磨合，磨合应行驶至少_____。

4. 汽车油耗路试的主要测试项目有直接档全节气门加速燃油消耗量试验、_____、多工况燃油消耗量试验和_____试验四种。

三、简答题

1. 简述我国汽车燃油经济性评价指标有哪几种。
2. 简述汽车油耗路试等速燃油消耗量试验方法。

项目四
汽车制动性能检测

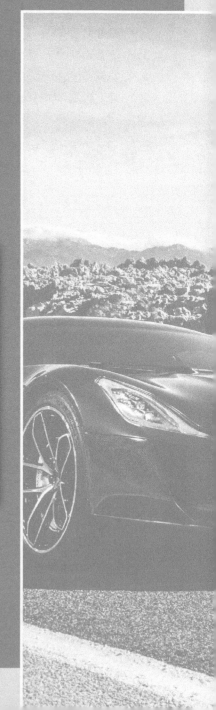

任务　汽车制动性能台架及路试检测

1. 掌握汽车制动性能的评价指标及国家相关的检测标准；
2. 熟悉汽车的制动过程并能够分析提高制动性能的措施；
3. 能熟练地在指定的工位上完成汽车制动性能的检测；
4. 能读取检测数据，并根据国家的检测标准对检测结果进行分析，进一步确认检测故障原因并排除故障。

 任务描述

某货车行驶 4 万 km，出现制动性能下降的现象，导致制动距离过长。严重时可能出现制动时丧失定向行驶能力，引发交通事故。要解决这一问题首先要进行汽车制动性能的检测。

 知识准备

汽车的制动性能直接关系到交通安全，因此汽车制动性能的好坏就显得至关重要。重大交通事故往往与制动距离太长、紧急制动时发生侧滑等情况有关，所以汽车的制动性能是汽车行驶的重要保障。汽车的制动性能是指汽车在行驶中强制降低车速以至停车且维持方向稳定的能力，以及在一定坡道上可靠停驻的能力。制动性能是汽车主动安全性的重要因素之一，直接影响行车安全。

一、汽车制动力学相关知识

1. 制动力的产生

（1）地面制动力　当汽车在良好路面上制动时，车轮受力如图 4-1 所示。图中，W 为垂直载荷，F_Z 为地面对车轮的法向相反作用力，F_P 为车轴对车轮的推力，它们的单位都为 N。T_μ 是车轮制动器中的摩擦力矩，单位为 N·m。由于制动器制动力矩对车轮的作用，使地面对车轮产生一个与汽车行驶方向相反的切向相反作用力，称为地面制动力 F_{xb}，单位为 N。

力矩平衡分析可知：地面制动力是使汽车制动而减速或停车的外力，它的大小取决于制动器内制动摩擦片与制动鼓

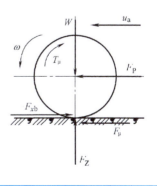

▲ 图 4-1　车轮制动时的受力状况

（盘）间的摩擦力及轮胎与地面间的摩擦力（附着力），即

$$F_{xb} = \frac{T_\mu}{r} \tag{4-1}$$

（2）制动器制动力　制动器制动力是为克服制动器摩擦力矩而在轮胎周缘所需施加的切向力，用 F_μ 表示，单位为 N。它等于把汽车架离地面，踩住制动踏板后，在轮胎周缘切线方向推动车轮直至它能转动所需施加的力，其大小为

$$F_\mu = \frac{T_\mu}{r} \tag{4-2}$$

由式（4-2）可知，制动器制动力 F_μ 取决于制动器的摩擦力矩和车轮半径。对于结构形式、尺寸和摩擦副材料一定的车轮制动器，F_μ 与制动踏板力成正比。

（3）地面制动力、制动器制动力与附着力的关系　当汽车制动时，根据制动强度的不同，车轮的运动可简单地考虑为减速滚动和抱死拖滑动两种状态。地面制动力、制动器制动力及地面附着力之间的关系如图4-2所示。

当车轮做减速滚动时，车轮滚动时的地面制动力等于制动器制动力，其值不能超过地面附着力，即

$$F_{xb} = F_\mu \leqslant F_\phi$$

当地面制动力达到附着力值，而制动踏板力或制动系统压力仍上升时，车轮即抱死不转而出现拖滑现象。由于制动器摩擦力矩的增长使制动器制动力仍按线性关系继续增大，而由于附着力的限制，地面制动力不再增大。所以汽车只有具有足够的制动器制动力，又能提供高的地面附着力时，才能获得足够的地面制动力。

2. 制动性能的评价指标

汽车制动性主要从制动效能、制动效能的恒定性和制动时汽车的方向稳定性三个方面来评价。

（1）制动效能　制动效能是指汽车迅速降低行驶速度直至停车的能力，是制动性能最基本的评价指标。按我国《机动车安全技术条件》的规定，制动效能可用制动距离、制动减速度或制动力来评定。

1）制动过程分析。汽车的制动过程分析如图4-3所示，它反映出这一过程中制动踏板力与制动减速度及制动时间的关系。

① 驾驶人反应时间 t_1 指从驾驶人接收到

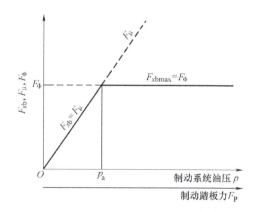

▲ 图4-2　地面制动力、制动器制动力及地面附着力之间的关系

制动的信号起至踩上制动踏板止所经历的时间，一般为 0.3~1.0s。其中包括驾驶人反应时间，即发现、识别故障并做出决定所需时间 t_1' 和驾驶人动作反应时间，即把脚从加速踏板换到制动踏板上所需要的时间 t_1''。

② 制动系统协调时间 t_2 指制动器开始起作用到制动力达到最大时所需要的时间，一般为 0.2~0.7s。其中包括消除制动踏板的间隙所需要的时间 t_2' 和踏板力上升到最大值所

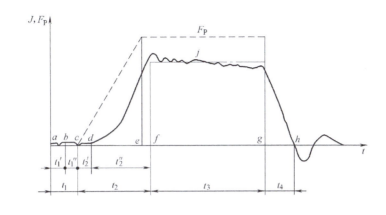

▲ 图 4-3 汽车的制动过程分析

需要的时间 t_2''。这段时间的长短取决于驾驶人踩踏板的速度、制动系统的结构形式及技术状况。

③ 持续制动时间 t_3。制动力达到最大后所持续的时间。

④ 制动释放时间 t_4 一般为 0.2~0.8s。根据国家标准 GB 7258—2017《机动车运行安全技术条件》的规定，汽车制动完全释放时间（从松开制动踏板到制动消除所需要的时间）对两轴汽车应小于或等于 0.80s，对三轴及三轴以上汽车应小于或等于 1.2s。

2）制动距离。制动距离是指车辆在规定的初速度下急踩制动踏板时，从脚接触制动踏板时起至车辆完全停住时止，车辆所驶过的距离 S。它包括了制动协调时间 t_2' 和以最大减速度持续制动时间 t_3 内汽车驶过的距离。

制动距离是评价汽车制动性能最直观的一个参数，与汽车实际运行的制动情况最接近。制动距离不等于车轮在路面上拖压印的长度，因为制动距离中包含制动协调时间内汽车驶过的距离，在这一段时间内车轮尚未拖压印。

用制动距离来评价汽车的制动性能具有一定的准确度，而且重复性较好。但需要有较大的试车场地，而且对轮胎的磨损较大。制动距离必须和制动跑偏量一起作为检验制动性能的参数。对于一辆确定的汽车来说，它的质量是一定的，其制动器所能产生的制动力也是一定的，制动时汽车的初速度越大，制动距离越长，因此检验时必须规定汽车的初速度。

3）制动力。对于一定质量的汽车来说，制动力越大制动减速度越大，制动距离越短。所以制动力是从本质上评价汽车制动性能的参数。用制动力这个参数评价汽车的行车制动性能，对前后轴制动力的合理分配以及每轴两轮平衡制动力差提出要求，从而保证汽车制动的方向稳定性，并使各轮附着重量得到充分利用。

用制动力作为单独的检验指标时，在检验了制动力大小、制动力合理分配及平衡制动力差的同时，还要检验制动协调时间。若制动系统调整不当，制动协调时间对应的制动距离要成倍增长。另外，各轮制动协调时间不等，还会引起跑偏。

4）制动减速度。制动减速度反映了制动时汽车速度降低的速率。对于一辆确定的汽车来说，它的质量是一定的，能产生的制动力也是一定的，因此制动减速度也是一个确定值，制动初速度对减速度的影响不很大。可采用速度分析仪、制动减速度仪测出相关参数后，再计算出充分发出的平均减速度。

充分发出的平均减速度 MFDD 计算式为

$$\text{MFDD} = \frac{v_b^2 - v_e^2}{25.92(S_e - S_b)} \quad (4\text{-}3)$$

式中　MFDD——充分发出的平均减速度（m/s²）；

　　　v_0——试验车制动初速度（km/h）；

　　　v_b——$0.8v_0$，试验车速（km/h）；

　　　v_e——$0.1v_0$，试验车速（km/h）；

　　　S_b——试验车速从 v_0 到 v_b 之间车辆行驶的距离（m）；

　　　S_e——试验车速从 v_0 到 v_e 之间车辆行驶的距离（m）。

用减速度仪来检验汽车的制动减速度，仪器本身结构简单，使用方便，但试验的重复性较差，且受路面附着系数的影响很大。制动减速度也是一个整车性能参数，它反映不出各轮的制动力及分配情况。单独用制动减速度来评价制动性能时，也必须同时检验制动协调时间和跑偏量。

（2）制动效能的恒定性

1）抗热衰退性能。汽车制动抗热衰退性能是指汽车高速制动、短时间重复制动或下长坡连续制动时制动效能的热稳定性。

汽车下长坡制动及汽车高速制动的情况下，制动器的工作温度不断上升，可达 300℃以上，这使制动器的摩擦系数下降，摩擦力矩显著下降，汽车的制动效能显著降低。制动器的热衰退与制动器摩擦副材料以及制动器结构有关。改善摩擦材料的热稳定性、采用散热性能较好和热容量较大的制动鼓（或制动盘）都是提高抗热衰退性能的有效方法。

随着高速公路的发展和车速的提高，汽车制动性能的恒定性要求也越来越高。但由于测试方法较复杂，在一般汽车综合检测中较难实施。对于在用汽车也无须检测制动抗热衰退性能。

2）抗水衰退性能。汽车涉水后，由于制动器被水浸湿，制动效能也会降低，称为制动效能的水衰退现象。汽车涉水后，应踩几次制动踏板，使制动蹄与制动鼓间因摩擦而产生热量，制动器迅速干燥，制动效能恢复正常。

（3）制动时的方向稳定性　汽车制动时的方向稳定性，通常用制动时汽车按给定轨迹行驶的能力来评价，即汽车制动时维持直线行驶或预定弯道行驶的能力。

1）制动跑偏。制动跑偏是指制动时汽车自动向左或向右偏驶的现象。

制动时汽车跑偏的主要原因有两个：①汽车左、右车轮，特别是前轴左、右车轮制动器的制动力不相等；②制动时悬架导向杆系与转向杆系拉杆在运动学上的不协调（相互干涉）。

图 4-4 所示为前轴左、右车轮制动力不相等而引起跑偏的受力分析。设左前轮的制动器制动力大于右前轮，故地面制动力 $F_{x1L} > F_{x1r}$ 时，前、后轴分别受到的地面侧向反作用力为 F_{y1} 和 F_{y2}。显然，F_{x1L} 绕主销的力矩大于 F_{x1r} 绕主销的力矩。虽然转向盘不动，由于转向系统各处的间隙及零部件的弹性变形，转向轮仍产生一向左转动的角度而使汽车有轻微的转弯行驶，即跑偏。同时，由于主销有后倾，也使 F_{y1} 对转向轮产生一同方向的偏转力矩，这样也增大了向左转动的角度。

造成左、右转向轮制动力不等的原因主要有：① 两侧车轮的制动蹄片接触情况不同；② 同轴两侧车轮制动蹄、鼓间隙不一致；③ 两侧车轮的胎压不一致或胎面磨损不均；④ 前轮定位参数失准；⑤ 左右轴距不等。

2) 制动侧滑。制动侧滑是指制动时汽车的某轴或多轴发生横向滑动的现象，它直接影响汽车的操纵稳定性。

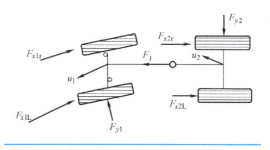

图 4-4　前轴左、右车轮制动力不相等而引起跑偏的受力分析

产生制动侧滑的原因是制动时侧向力超过了侧向附着力。当汽车制动时，由于车轮滑移率的增大，附着系数减小，侧滑的可能性就增大。特别是车轮抱死拖滑时，滑移率达100%，附着系数几乎为零，稍有侧向力就会导致沿侧向力方向的滑动。

汽车直线行驶条件下产生制动侧滑的运动情况如图4-5所示。u_f、u_r 分别为前、后轴中点速度，F_c 为作用在汽车重心上的离心力。

图 4-5a 是当前轮抱死、后轮自由滚动时，在侧向力的作用下，发生前轮偏离角。若保持转向盘固定不动，因前轮侧偏转向产生的离心惯性力 F_c 与偏离角的方向相反，起到减小或阻止前轴侧滑的作用。

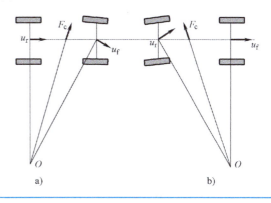

图 4-5　汽车直线行驶条件下产生制动侧滑的运动情况
a) 前轮先抱死　b) 后轮先抱死

图 4-5b 是当后轮抱死、前轮自由滚动时，在侧向力的作用下，发生后轴偏离角。若保持转向盘固定不动，因后轮侧偏产生的离心惯性力与偏离角的方向相同，起到加剧后轴侧滑的作用。后轴进一步侧滑又促使 F_c 加大，如此反复，汽车将产生严重甩尾，甚至掉头。

分析表明：制动时若后轴比前轴先抱死拖滑，就可能发生后轴侧滑。若前、后轴同时抱死，或者前轴先抱死而后轴抱死或不抱死，则能防止汽车后轴侧滑，但是汽车丧失转向能力。严重的跑偏必然侧滑，对侧滑敏感的汽车也有跑偏的趋势。通常，跑偏时车轮印迹重合，侧滑前后印迹不重合。

3) 失去转向能力。失去转向能力是指制动时汽车不再按原来弯道行驶，而沿切线方向驶出或者直线行驶时，转动转向盘汽车仍按直线行驶的现象。产生的原因是转向轮抱死失去控制方向的能力。

二、台试制动性能检验标准

GB 7258—2017《机动车运行安全技术条件》规定台试制动性能检验标准（制动力的诊断参数标准）。

1. 行车制动性能检测

（1）制动力百分比要求　汽车在制动检验台上测出的制动力应符合表4-1的要求，对空载检测制动力有质疑时，可用表4-1中规定的满载检验制动力要求进行检测。使用转鼓检验台检测时，可通过测得制动减速度值计算得到最大制动力。摩托车的前、后轴制动力应符合表4-1的要求，测试时只准许乘坐一名驾驶人。

表 4-1　台试检验制动力要求

机动车类型	制动力总和与整车重量的百分比（%）		轴制动力与轴荷[①]的百分比（%）	
	空载	满载	前轴[②]	后轴[②]
三轮汽车	—	—	—	≥60[③]
乘用车、其他总质量不大于3500kg的汽车	≥60	≥50	≥60[③]	≥20[③]
铰接客车、铰接式无轨电车、汽车列车	≥55	≥45	—	—
其他汽车	≥60[④]	≥50	≥60[③]	≥50[⑤]
挂车	—	—	—	≥50[⑥]
普通摩托车	—	—	≥60	≥55
轻便摩托车	—	—	≥60	≥50

① 用平板制动检验台检验乘用车、其他总质量小于3500kg的汽车时，应按左右轮制动力最大时刻所分别对应的左右轮动态轮荷之和计算。
② 机动车（单车）纵向中心线中心位置以前的轴为前轴，其他轴为后轴；挂车的所有车轴均按后轴计算；用平板制动检验台测试并装轴制动力时，并装轴可视为一轴。
③ 空载和满载状态下测试均应满足此要求。
④ 对总质量小于或等于整备质量的1.2倍的专项作业车应大于或等于50%。
⑤ 满载测试时后轴制动力百分比不做要求；空载用平板制动检验台检验时应大于或等于35%；总质量大于3500kg的客车，空载用反力滚筒式制动检验台测试应大于或等于40%，用平板制动检验台检验时应大于或等于30%。
⑥ 满载状态下测试时应大于或等于45%。

（2）制动力平衡要求　在制动力增长全过程中同时测得的左右轮制动力差的最大值，与全过程中测得的该轴左右轮最大制动力中大者（当后轴制动力小于该轴轴荷的60%时为该轴轴荷）之比，新注册车和在用车应分别符合表4-2的要求。

表 4-2　台试检验制动力平衡要求

	前轴	后轴（及其他轴）	
		轴制动力大于或等于该轴轴荷60%时	轴制动力小于该轴轴荷60%时
新注册车	≤20%	≤24%	≤8%
在 用 车	≤24%	≤30%	≤10%

（3）制动协调时间　汽车的制动协调时间，液压制动的汽车应小于或等于0.35s；气压制动的汽车应小于或等于0.60s；汽车列车和铰接客车、铰接式无轨电车的制动协调时间应小于或等于0.80s。

（4）车轮阻滞力　当进行制动力检验时，汽车、汽车列车各车轮的阻滞力均应小于或等于轮荷的10%。

（5）合格判定要求　当台试检验汽车、汽车列车行车制动性能时，检验结果同时满足上述四个条件的,方为合格。

2. 驻车制动性能检测

当采用制动检验台检验汽车和正三轮摩托车驻车制动装置的制动力时,机动车空载,乘坐一名驾驶人,使用驻车制动装置,驻车制动力的总和应大于或等于该车在测试状态下整车质量的20%,但总质量为整备质量1.2倍以下的机动车应大于或等于15%。

三、汽车制动性能检验台

制动性能检测分为台试法和路试法两种。

路试法需在道路试验中进行,采用第五轮仪和制动减速度仪检测汽车制动性能。

台试法使用制动检验台进行检测,与路试法相比,台试法具有迅速、准确、经济、安全,不受自然条件的限制、试验重复性好和能定量地指示出各车轮的制动力等优点。

制动检验台常见的分类方法有:按测试原理的不同分为反力式和惯性式两类;按检验台支承车轮形式的不同分为滚筒式和平板式两类;按检测参数的不同分为测制动力式、测制动距离式、测制动减速度式和综合式四种;按检验台的测量、指示装置、传递信号方式不同,可分为机械式、液力式和电气式三类;目前国内汽车综合性能检测站所用制动检验设备多为反力式滚筒制动检验台和平板式制动检验台。

1. 反力式滚筒制动检验台

下面以FZ-100反力式滚筒制动检验台(图4-6)为例,介绍其结构、原理和使用方法。

(1)基本结构 FZ-100反力式滚筒制动检验台由结构完全相同的左右两套对称的车轮制动力测试单元(见图4-7)和一套指示与控制装置组成(见图4-8)。每一套车轮制动力测试单元由框架、驱动装置、滚筒组、举升装置和测量装置等构成。

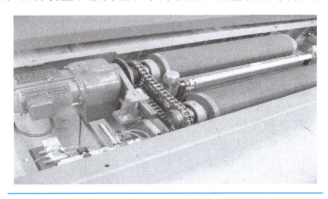

图4-6 FZ-100反力式滚筒制动检验台实物图

1)驱动装置。驱动装置由电动机、减速器和传动链条等组成。电动机通过减速器减速后驱动主滚筒,主滚筒又通过链传动把动力传递给副滚筒。减速器与主滚筒共用一轴,减速器壳体处于浮动状态。当车轮制动时,该壳体能绕轴摆动,把制动力矩传给测力杠杆。

2)滚筒装置。滚筒装置由四个滚筒组成,左右各一对独立设置,每个滚筒的两端分别用滚筒轴承与轴承座支承在框架上,且保持两滚筒轴线平行。滚筒相当于一个活动路

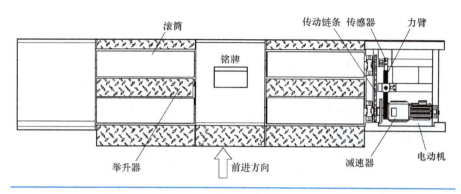

图 4-7　FZ-100 反力式滚筒制动检验台的结构简图

面,被测车轮置于两滚筒之间,用来支承被检车轮并在制动时承受和传递制动力。汽车轮胎与滚筒间的附着系数将直接影响制动检验台所测得的制动力大小。为了增大滚筒与轮胎间的附着系数,滚筒表面都进行了相应加工与处理,如在金属滚筒表面开纵向浅槽、粘有熔烧铝矾土砂粒等。

3)测量装置。测量装置主要由测力杠杆和测力传感器组成。测力杠杆一端与传感器连接,另一端与减速器壳体连接,被测车轮制动时测力杠杆与减速器壳体将一起绕主滚筒(或绕减速器输出轴、电动机枢轴)轴线摆动。传感器将测力杠杆传来的、与制动力成比例的力(或位移)转变成反映制动力大小电信号输送到指示、控制装置。

4)举升装置。为了便于汽车出入检验台,在两滚筒之间设有举升装置。举升装置由举升器、举升平板和控制开关等组成。

5)指示与控制装置。指示装置有电子式与微机式之分,FZ-100 采用微机式指示装置配以数字式显示器。控制指示面板分为三部分,数据窗口、状态指示灯、操作按键,如图 4-8 所示。

① 数据窗口。分左右两个,在不同的状态下分别显示不同数值,所显示数值的意义要根据状态指示灯确定。左侧数据窗口一般显示车辆前进方向的左台面测试结果。

② 状态指示灯。左右数据窗口之间的两个指示灯,指示气缸举降状态。数据窗口右边的两个指示灯"联网"和"测试",在测试状态下点亮分别表示"已联网"和"进入测试"状态。数据窗口下面八个指示灯分为两组,左面五个灯(重量、阻滞、制动、和/差、时间)

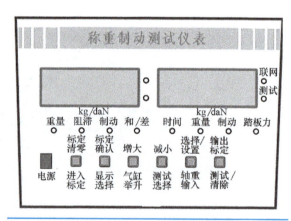

图 4-8　仪表面板布置

在测试过程中不亮,只有在查看测试结果时有用。查看结束应回到全灭状态(具体操作见"显示选择")。右面第一个灯(踏板力)只在标定时用以指示踏板力标定,其余两个指示灯(重量、制动)分别指示当前测试选择或标定选择。

③ 操作按键。共有六个(电源开关除外),在标定和测试状态分别有不同的作用,

按键下面标注为标定功能，进入标定才有意义，上面标注除左一键（"进入标定"）外，为测试功能键，测试状态下才有意义。

（2）基本原理　将被检车辆左右车轮置于每对滚筒之间，用电动机通过减速器、链传动使主、副滚筒带动车轮旋转，然后用力踩下制动踏板，车轮给滚筒一个与其转动方向相反的摩擦力矩，该力矩大小与滚筒对车轮的制动力矩相等，并驱动浮动的减速器壳体偏转，迫使连接在减速器壳体上的测力杠杆产生位移，通过测力传感器转换成反映制动力大小的电信号，由微机采集、处理后，指令电动机停转，并由指示装置指示或由打印机打印检测到的数值。

制动力的诊断参数标准是以轴制动力占轴荷的百分比为依据的，因此必须在测得轴荷及轴制动力后才能评价轴制动性能，所以，FZ-100测力式滚筒制动检验台配备轴重计。

2. 平板式制动检验台

平板式制动检验台的结构图如图4-9所示。平板式制动检验台是一种新型的制动检测设备，它利用汽车低速驶上平板后突然制动时的惯性力作用，来检测制动效果。属于一种动态惯性式制动检验台，除了能检测制动性能外，还可以测试轮重、前轮侧滑和汽车的悬架性能，又是一种综合性检验台。

这种检验台结构比较简单，主要由几块测试平板、传感器和数据采集系统等组成。小车线一般由四块制动-悬架-轴重测试用平板及一块侧滑测试板组成。数据采集系统由力传感器、放大器和多通道数据采集板等组成。

这种检验台结构简单、运动件少、用电量少、日常维护工作量小，提高了工作可靠性。测试过程与实际路试条件较接近，能反映车辆的实际制动性能，即能反映制动时轴荷转移带来的影响，以及汽车其他系统（如悬架结构、刚度等）对汽车制动性能的影响。该检验台不需要模拟汽车转动惯量，较容易将制动检验台与轮重仪、侧滑仪组合在一起，使车辆测试方便且效率高。但这种检验台存在测试操作难度较大（测试重复性主要取决于车况及检验员踩制动踏板的快慢），对不同轴距车辆适应性差、占地面积大，需要助跑车道等缺点。

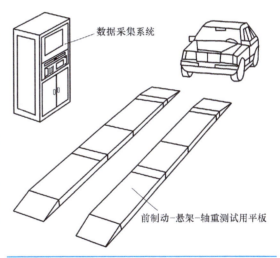

图4-9　平板式制动检验台的结构图

四、汽车制动性能路试检测

道路试验检测法简称为路试检测法，是评定汽车制动性能的基本方法。一般要测定冷制动及高温下汽车的制动距离、制动减速度和制动时间等参数。另外，还要测定在转弯与变更车道时汽车制动的方向稳定性。汽车生产国对于新生产汽车制动性的道路试验的场地、试验时的气候条件、车辆状况、测量仪器的准确度和试验程序等都有明确、具体的要求,并规定在相应的法规或标准中,且有国际上公认的标准,如 ISO 6597、ISO 7635 就分别规定了道路车辆液压制动系统性能和气压制动系统性能的试验方法。我国 GB 12676—2014《商用车辆和挂车制动系统技术要求及试验方法》中规定了新生产汽车道路试验的具体要求,在用汽车路试检测的程序等要求相对简单些。

国家标准 GB 7258—2017《机动车运行安全技术条件》规定路试检验制动性能标准及要求。

1. 制动性能道路试验的基本要求

1)机动车行车制动性能和应急制动性能检验应在平坦、硬实、清洁、干燥且轮胎与地面间的附着系数大于或等于 0.7 的混凝土或沥青路面上进行。

2)检验时发动机应与传动系统脱开,但对于采用自动变速器的机动车,其变速器换档装置应位于驱动档(D 位)。

2. 行车制动性能参数及标准

(1)用制动距离检验行车制动性能 机动车在规定的初速度下的制动距离和制动稳定性要求应符合表 4-3 的规定。对空载检验的制动距离有质疑时,可用表 4-3 规定的满载检验制动距离要求进行。

制动稳定性要求:是指制动过程中机动车的任何部位(不计入车宽的部位除外)不超出规定宽度的试验通道的边缘线。

表 4-3　制动距离和制动稳定性要求

机动车类型	制动初速度/(km/h)	空载检验制动距离要求/m	满载检验制动距离要求/m	试验通道宽度/m
三轮汽车	20	≤5.0		2.5
乘用车	50	≤19.0	≤20.0	2.5
总质量小于或等于 3500kg 的低速货车	30	≤8.0	≤9.0	2.5
其他总质量小于或等于 3500kg 的汽车	50	≤21.0	≤22.0	2.5
铰接客车、铰接式无轨电车、汽车列车(乘用车列车除外)	30	≤9.5	≤10.5	3.0[①]
其他汽车、乘用车列车	30	≤9.0	≤10.0	3.0[①]
两轮普通摩托车	30	≤7.0		—
边三轮摩托车	30	≤8.0		2.5
正三轮摩托车	30	≤7.5		2.3
轻便摩托车	20	≤4.0		—
轮式拖拉机运输机组	20	≤6.0	≤6.5	3.0
手扶变型运输机	20	≤6.5		2.3

① 对车宽大于 2.55m 的汽车和汽车列车,其试验通道宽度为"车宽(m)+0.5m"。

(2)用充分发出的平均减速度检验行车制动性能 汽车、汽车列车在规定的初速度下急踩制动时充分发出的平均减速度及制动稳定性要求应符合表 4-4 的规定，且制动协调时间对液压制动的汽车应小于或等于 0.35s，对气压制动的汽车应小于或等于 0.6s，对汽车列车、铰接客车和铰接式无轨电车应小于或等于 0.8s。对空载检验的充分发出的平均减速度有质疑时，可用表 4-4 规定的满载检验充分发出的平均减速度进行检验。

表 4-4 制动减速度和制动稳定性要求

机动车类型	制动初速度/(km/h)	空载检验充分发出的平均减速度/(m/s^2)	满载检验充分发出的平均减速度/(m/s^2)	试验通道宽度/m
三轮汽车	20	≥3.8		2.5
乘用车	50	≥6.2	≥5.9	2.5
总质量小于或等于 3500kg 的低速货车	30	≥5.6	≥5.2	2.5
其他总质量小于或等于 3500kg 的汽车	50	≥5.8	≥5.4	2.5
铰接客车、铰接式无轨电车、汽车列车(乘用车列车除外)	30	≥5.0	≥4.5	3.0[①]
其他汽车、乘用车列车	30	≥5.4	≥5.0	3.0[①]

① 对车宽大于 2.55m 的汽车和汽车列车，其试验通道宽度为"车宽（m）+0.5m"。

（3）制动踏板力或制动气压要求　进行制动性能检验时的制动踏板力或制动气压应符合以下要求：

1）满载检验时。

气压制动系统：气压表的指示气压≤额定工作气压。

液压制动系统：踏板力，乘用车≤500N；其他机动车≤700N。

2）空载检验时。

气压制动系统：气压表的指示气压≤750kPa。

液压制动系统：踏板力，乘用车≤400N；其他机动车≤450N。

摩托车（正三轮摩托车除外）检验时，踏板力应小于或等于 350N，手握力应小于或等于 250N。

正三轮摩托车检验时，踏板力应小于或等于 500N。

三轮汽车和拖拉机运输机组检验时，踏板力应小于或等于 600N。

（4）合格判定要求　汽车、汽车列车在符合（3）规定的制动踏板力或制动气压下，路试行车制动性能如符合（1）或（2），即为合格。

3. 驻车制动性能

在空载状态下，驻车制动装置应能保证机动车在坡度为 20%（对总质量为整备质量的 1.2 倍以下的机动车为 5%）、轮胎与路面间的附着系数小于或等于 0.7 的坡道上正、反两个方向保持固定不动，时间应大于或等于 2min。检验汽车列车时，应使牵引车和挂车的驻车制动装置均起作用。检验时，驻车制动应通过纯机械装置把工作部件锁止，并且驾驶人施加于操纵装置上的力满足：

手操纵时，乘用车应小于或等于 400N，其他机动车应小于或等于 600N；

脚操纵时，乘用车应小于或等于 500N，其他机动车应小于或等于 700N。

注意：1）在规定的测试状态下，机动车使用驻车制动装置能停在坡度值更大且附着系数符合要求的试验坡道上时，应视为达到了驻车制动性能检验规定的要求。

2）在不具备试验坡道的情况下，可参照相关标准使用符合规定的仪器测试驻车制动性能。

任务实施

根据检测线工位布置情况，选择制动检验台所在的工位，针对待检车辆进行制动试验检测。检测具体流程见表 4-5。

表 4-5　检验台检测制动性能操作流程

一、检测前工位准备		
操作步骤	操作方法与流程	示意图
1. 试验台的检查与准备	1）检查检验台滚筒清洁程度，应无泥、水和油等杂物，否则应清除干净 2）使滚筒在无负荷状态下运转，检查仪器运转状况 3）检查各指示灯及操纵开关工作是否正常 4）检查各种连接导线有无损伤，各连接插头是否连接可靠	
2. 被检汽车的准备	1）确定车辆型号及各轴轴荷，确保被测车辆轴荷在检验台允许载荷范围内 2）检查轮胎是否有严重磨损、变形，是否有石子、金属颗粒等杂物，如有应清除干净 3）检查轮胎气压是否符合标准	
二、检测方法及流程		
操作步骤	操作方法与流程	示意图
检测流程	1）打开检验台总电源，起动计算机 2）首先检测车辆前后轴重，并记录下数值大小 3）将车辆沿其纵向中心线与滚筒轴线垂直的方向驶入检验台，使左、右车轮分别处在前后两滚筒之间 4）车辆不熄火，变速器置于空挡，制动踏板和驻车制动器都松开，能够测试制动协调时间的检验台还需安装脚踏开关在制动踏板上 5）起动检验台，使滚筒带动车轮转动，等运转平稳后，从屏幕上读取车轮阻滞力数据	

（续）

二、检测方法及流程

操作步骤	操作方法与流程	示意图
检测流程	6）急踩下制动踏板，从屏幕上读取最大制动力值及前轴和与前轴差数据，并打印结果 7）当与驻车制动器相关的车轴在制动检验台上时，检测完行车制动性能后应重新起动电动机，在行车制动器完全放松的情况下，用力拉紧驻车制动器操纵杆，检测驻车制动性能 8）所有车轴的行车制动及驻车制动性能检测完毕后，将车辆驶出检验台 9）关闭仪器电源	

三、检测结果及分析

操作步骤	操作方法与流程			检测结论
记录检测结果	评价指标	数值记录		□合格　□不合格
	前轴轴重/kg			
	前轮制动力/kgf	左		
		右		
	后轴轴重/kg			
	后轮制动力/kgf	左		
		右		
	驻车制动力/kgf			

知识拓展

提高汽车制动性能的措施

1. 结构措施

（1）改进汽车制动系统

1）改进制动器。车轮制动器制动性能的好坏主要取决于制动器的摩擦力矩和制动效能的热衰退。

足够大的制动力矩是产生最大地面制动力的前提，否则有大的附着力也无法利用。增大制动器制动力矩的具体措施有：适当增大制动器尺寸，适当增大制动气压或液压，选用摩擦系数较高的摩擦副材料等。

保持汽车制动效能的恒定性主要就是改善制动器的抗热衰退性能，主要措施有：改进制动器结构从而改善散热效果，采用热稳定性好的制动器摩擦材料等。

2）采用制动压力调节装置。采用普通制动系统（不装防抱死制动系统）的汽车，在不同情况下制动时，不可能都达到理想状态。要使汽车既能得到尽可能大的制动力，又能保持行驶方向的操纵性和稳定性（不失控、不甩尾），即最佳制动状态，这就要求采用各种压力调节装置，根据需要调节前、后轮制动器制动力分配比值。常用的压力调节装置有限压阀、比例阀和感载比例阀。

3）采用防抱死制动系统（ABS）。防抱死制动系统是在制动时可防止车轮完全抱死且制动效果优于普通制动系统的制动装置。它主要由电子控制器即防抱死制动系统ECU、车轮速度传感器和执行器（即压力调节器）以及各种信号指示灯组成，如图4-10所示。

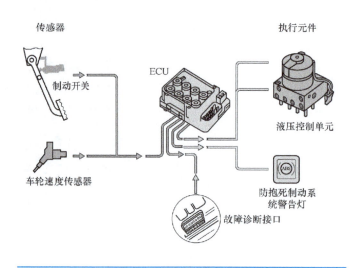

图4-10 防抱死制动系统的组成

当车辆在制动时，制动液从制动主缸经过制动压力调节器流入制动轮缸，同时轮速传感器检测车轮转速，并将信号传送给防抱死制动系统的ECU，ECU以10次/s的速度来计算车轮滑移率的大小,根据滑移率的大小控制液压调节器的工作状态,进而通过保持、升高或降低制动分泵的油压来调整制动器制动力,防止车轮被抱死。

防抱死制动系统可以明显缩短制动距离,改善汽车制动时的方向稳定性能,以及改善汽车制动时的方向操控能力,并具有减少轮胎磨损、使用方便和工作可靠等优点。根据国家标准 GB 7258—2017《机动车运行安全技术条件》的规定,所有汽车(三轮汽车、五轴及五轴以上专项作业车除外)及总质量大于 3500kg 的挂车(挂车的总质量对半挂车是指半挂车在满载并且和牵引车相连的情况下,通过半挂车的所有车轴垂直作用于地面的静载荷,不包括转移到牵引车牵引座的静载荷)应装备符合规定的防抱死制动装置。总质量大于或等于 12000kg 的危险货物运输货车还应装备电控制动系统(EBS)。

(2)配备高性能轮胎 轮胎是与行车路面直接接触的,其工作效果直接影响汽车的制动效能。轮胎的滑动摩擦性能对汽车制动性能影响很大,而轮胎的滑动摩擦性能跟其侧偏刚度、胎体结构和胎面花纹等都有关系。花纹较深的轮胎制动效果好,所以轮胎花纹中都有个磨损标志,超过这个标志表示需要更换。宽胎面的轮胎抓地效果和制动效果好,但是胎面的宽窄是由车辆配置轮毂决定的。

现今轿车广泛使用的是子午线轮胎,因为子午线轮胎胎面耐磨性好,并且轮胎接地面积较大,附着性能好,在路面上的滑移量小,比普通斜交轮胎散热快,温升低,且胎面不易穿刺,不易爆胎。

2. 使用措施

(1)控制车辆行驶速度 车辆行驶速度的快慢直接影响车辆制动距离。由于车辆行驶速度的大小与车辆的惯性是成正比的,车辆行驶的速度越大,制动距离就会随之显著增加,所以控制车速是减小制动距离的有效措施。

(2)利用发动机辅助制动 当汽车在下长坡时,驾驶人放松加速踏板,但并不踩下离合器踏板,这时由于重力的作用,汽车依然维持在最高车速,汽车将带动发动机以较高转速旋转,此时发动机的作用将类似于压气机或泵,称为吸收能量的装置。在这种情况下,发动机使牵制汽车的车速进一步增加可称为发动机辅助制动。

在下长坡道路行驶,挂入低速档利用发动机的牵阻作用可以减少制动器的负担和减少制动次数,防止制动过热引起制动器热衰退;在冰雪、泥泞的路面上行驶,应用发动机牵阻制动可以防止侧滑。

(3)改善道路环境 行车路面状况的好坏直接影响汽车交通安全,路面的附着系数就是其中的重要因素之一。路面附着系数不仅限制汽车的最大地面制动力,而且在附着系数较小的路面上制动时,汽车也容易产生侧滑或失去转向能力。因此,改善道路条件,提高路面附着系数,是提高汽车制动性能的有效措施。

(4)提高驾驶技术 驾驶技术对汽车制动性能也有很大影响,一般有经验的驾驶人在制动时能将制动踏板踩下合适的行程,或者快速交替踩下和松开制动踏板保持车轮接近抱死而未抱死的状态,都可避免车轮抱死而获得良好的制动效果。带防抱死制动装置的车辆在紧急制动时应一脚将制动踏板迅速踩到底,由防抱死制动装置来自动调节车轮制动力,此时车轮处于边滚边滑的状态,避免了车轮抱死而造成车轮侧滑、甩尾和制动距离延长。

评价反馈

考核项目	评分标准	分值	小组互评(50%)	教师评价(50%)	小计
影响汽车制动性能的原因	能叙述	10			
汽车制动性能检测的参数及标准	能完整叙述	10			
汽车制动性能检验台的组成	能完整叙述	10			
汽车制动性能检验台的工作原理	能完整叙述	10			
在指定的工位上完成汽车制动性能的检测	能熟练操作	10			
汽车制动性能试验结果	会读取	10			
能对结果进行分析判断	会判断、会分析	10			
规范实训操作	是否规范	10			
活动参与	积极主动	5			
劳动纪律	严格遵守	5			
团队合作	是否和谐	5			
现场 7S	是否进行	5			
总评：		100			

教师签名：_____　　　　　　　　　　　　　____年____月____日

练习与思考题

一、选择题

1. 前、后制动器制动力为固定比值的汽车，在（　　）的路面上制动时，会出现前后轮同时抱死。

　　A. $\varphi = \varphi_0$　　　　　　　　B. $\varphi < \varphi_0$　　　　　　　　C. $\varphi > \varphi_0$

2. （　　）是改善制动效能的措施之一。

　　A. 增大制动器制动力　　B. 增大制动协调时间　C. 增大蹄鼓间隙

3. 反力式制动检验台的主要检测参数是（　　）。

　　A. 制动距离　　B. 制动时间　　C. 制动力　　D. 制动减速度

4. 制动检验台的第三滚筒主要用于检测（　　）。

　　A. 制动力　　B. 车速　　C. 轴重　　D. 车轮转速

5.《机动车运行安全技术条件》的规定，机动车可以用制动距离、（　　）和制动力检测制动性能。

　　A. 制动时间　　B. 制动减速度　　C. 制动踏板力

二、填空题

1. 汽车制动性主要从_____、制动效能的_____和制动时汽车的_____三个方面来评价。

2. FZ-100 反力式滚筒制动检验台由框架、_____、_____、_____、

___和_____等构成。

3. 制动检验台的驱动装置由_____、_____和_____等组成。

三、简答题

1. 简述汽车制动性能的评价指标。
2. 简述汽车制动检验台的构成及工作原理。
3. 如何分析汽车制动性能结果？如果不符合国家标准，怎样调整？
4. 简述提高汽车制动性能的措施。

项目五
汽车操纵性能检测

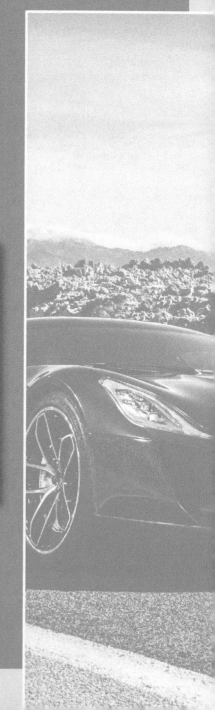

任务一　汽车转向系统性能检测

1. 掌握转向性能评价指标及国家标准；
2. 掌握转向参数测量仪的组成及使用方法；
3. 能熟练地操作转向参数测量仪，检测转向盘自由转动量与转向力参数；
4. 能读取检测数据，并根据国家的检测标准，确定转向系统性能状况并进行调整。

任务描述

某轻型小客车，在行驶过程中，驾驶人操作汽车转向盘，沉重，自动回位缓慢。考虑转向盘转向力过大，需要进行检测；同时，对转向盘自由转动量也进行检测，确认转向系统故障所在。

知识准备

汽车转向系统性能影响汽车操纵轻便性和稳定性。转向盘自由转动量、转向盘转向力，这两个诊断参数主要用来诊断汽车转向轴和转向系统中各零件的配合状况。该配合状况直接影响汽车操纵稳定性和行车安全性。因此，对于新车和在用车都必须进行上述两项诊断参数的检测。转向盘自由转动量和转向力的检测，应采用专用检测仪进行。

一、转向性能参数

1. 转向盘自由转动量

转向盘自由转动量是指汽车转向轮处于直线行驶位置静止不动时，转向盘可以自由左右转动的角度，即转向盘在空转阶段中的角行程，也称为转向盘自由行程。

转向盘自由转动量的存在，对于缓和路面冲击及避免驾驶人过度紧张是有利的，但不宜过大，以免过分影响灵敏性。

2. 转向盘转向力

转向盘转向力是指在一定行驶条件下，作用在转向盘外缘的圆周力。

转向盘转向力过大，操作重、费力，转向不敏捷；转向盘转向力过小，操作太轻，失去"路感"，汽车"发飘"，难于控制行驶方向。

二、转向性能检测国家标准

按照 GB 7258—2017《机动车运行安全技术条件》的规定，转向盘自由转动量和转向力应符合以下要求：

（1）转向盘自由转动量　机动车转向盘的最大自由转动量应小于或等于：
1）最大设计车速大于或等于100km/h的机动车：15°。
2）三轮汽车：35°。
3）其他机动车：25°。

（2）转向盘转向力　机动车在平坦、硬实、干燥和清洁的水泥或沥青道路上行驶，以10km/h的速度在5s之内沿螺旋线从直线行驶过渡到外圆直径为25m的车辆通道圆行驶，施加于转向盘外缘的最大切向力小于或等于245N。

三、转向性能检测设备

1. 转向参数测量仪组成

图5-1所示为国产ZC-2型转向参数测量仪，它是以微机为核心的智能仪器，可测得转向盘自由转动量和转向盘转向力。该仪器由操纵盘、主机箱、连接叉和定位杆四部分组成。

操纵盘被螺钉固定在三爪底板上，底板经力矩传感器与三个连接叉相连，每个连接叉上都有一只可伸缩长度的活动卡爪，以便与被测转向盘相连接。

主机箱为一圆形结构，固定在底板中央，其内装有接口板、微机板、转角编码器、打印机、力矩传感器和电池等。定位杆从底板下伸出，经磁力座吸附在驾驶室内的仪表盘上。

定位杆的内端连接有光电装置，光电装置装在主机箱内的下部。

2. 转向参数测量仪操作方法

测量时，把转向参数测量仪对准被测汽车转向盘中心，调整好三个连接叉上伸缩卡爪的长度，与转向盘连接并固定好。转动操纵盘，转向力通过底板、力矩传感器和连接叉传递到被测转向盘上，使转向盘转动，以实现汽车转向。此时，力矩传感器将转向力矩转变成电信号，而定位杆内端连接的光电装置将转角的变化转变成电信号。这两种电信号由微机自动完成数据采集、转角编码、运算、分析、存储、显示和打印。

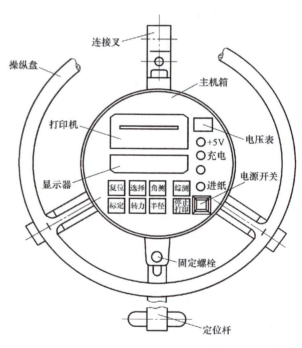

图5-1　国产ZC-2型转向参数测量仪

根据任务要求，利用ZL-1型转向参数测量仪对故障车辆转向盘自由行程和转向力进行检测，判断转向系统配合间隙是否过大，如过大，则进行调整。操作方法及数据记录具体见表5-1。

表 5-1 转向性能检测操作流程

	一、检测前工位准备	
操作步骤	操作方法与流程	示意图
1. 被检汽车的准备	1）轮胎气压应符合汽车制造厂的规定 2）轮胎上粘有油污、泥土、水或花纹沟槽内嵌有石子时，应清理干净 3）轮胎花纹深度必须符合 GB 7258—2017《机动车运行安全技术条件》的规定 4）被测车辆停在转角盘上，并使车辆处于直线行驶位置	
2. ZL-1型转向参数测量仪安装调试	1）把转向参数测量仪对准被测汽车转向盘中心 2）依次调整好三个连接叉上伸缩卡爪的长度，卡住转向盘，拧紧并固定螺栓，安装好仪器 3）安装定位杆，使吸盘吸附在前风窗玻璃上，不允许松动 4）连接仪器电源，按下仪器电源开关	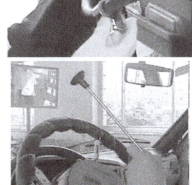

	二、检测方法与流程	
操作步骤	操作方法与流程	示意图
检测方法及流程	检测转向盘自由行程和转向力前，需熟悉操作界面按钮。各按钮的功能介绍如下："复位"键功能为数据清零；"左向右向"键弹出时为左转向，按下时为右转向；"实时峰值"键弹出时测量转向角，按下时测量转向力；"保持"键为保持数据显示，见右图	

(续)

二、检测方法及流程

操作步骤	操作方法与流程	示意图
检测方法及流程	1) 原地转向盘转向力测定 ① 按下"复位"键,按下"实时峰值"键,"左向右向"键弹出状态。当向左转动操纵盘时,显示器上的转矩不断增大,当向左转到极限位置时,车轮开始转动,转矩显示器显示数值"93",如果需长时间记录,可按下"保持"键,该读数就是转向盘向左最大转矩 ② 按下"复位"键,按下"实时峰值"键,按下"左向右向"键。当向右转动操纵盘时,显示器上的转矩不断增大,当向右转到极限位置时,车轮开始转动,转矩显示器显示数值"23",如果需长时间记录,可按下"保持"键,该读数就是转向盘向右最大转矩,原地转向力的大小为显示器的读数除以被测转向盘的半径 2) 转向盘自由行程测定 ① 按下"复位"键,"实时峰值"键弹出,"左向右向"键弹出。当向左转动操纵盘时,显示器上的转角、转矩不断地增加,当转向盘转到左极限位置遇到阻力,显示器力矩增大到"5N·m"时,按下"保持"键,转角显示器上的读数"24"就是转向盘的左自由转角 ② 按下"复位"键,"实时峰值"键弹出,按下"左向右向"键。当向右转动操纵盘时,显示器上的转角、转矩不断地增加,当转向盘转到右极限位置遇到阻力,显示器力矩增大到"5N·m"时,按下"保持"键,转角显示器上的读数"11"就是转向盘的右自由转角,见右图。转向盘自由行程=左自由转角+右自由转角=24°+11°=35°	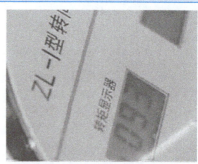   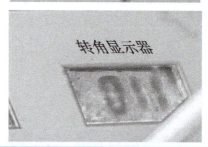

三、检测结果记录与分析

操作步骤	操作方法与流程			检测结论(合格否)
记录检测结果	评价指标	左转向数值记录	右转向数值记录	转向盘转向力□是 □否 转向自由行程□是 □否
	转向盘转向力/N			
	转向自由行程/(°)			

转向轮最大转角检测方法

汽车转向轮最大转角的大小直接影响到汽车最小转弯半径,影响汽车转向灵活性,通常用转角仪进行检测。下面介绍转角仪的结构及使用方法:

1. 转角仪结构

转角仪试验台由两个基本测试单元组成,即左右测试圆盘。每个测试单元都能在台架轨道上借助电动机的正反转通过减速器、丝杠的运动而独立地左右移动,以适应不同的汽车轮距和不同的行驶路线。转角仪试验台的组成如图 5-2 所示。

2. 转角仪检测方法

1)车辆沿行车中心线驶向车轮位置测量装置,并按提示停车,由该装置检测车轮的位置;检测完成后,系统自动起动电动机,移动测试单元,以适应当前的车轮位置。

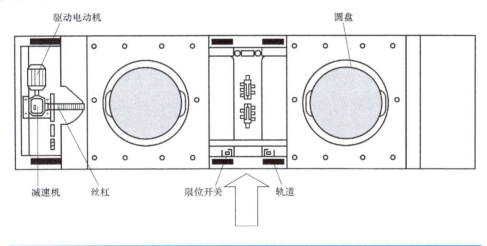

图 5-2 转角仪试验台的组成

2)根据提示向左转动转向盘到极限位置,系统采样,测得左、右车轮的内、外转角;同样,根据提示向右转动转向盘到极限位置,系统采样,测得左、右车轮的内、外转角。

考核项目	评分标准	分值	小组互评(50%)	教师评价(50%)	小计
转向盘自由行程、转向力的概念	能叙述	10			
转向性能的国家标准	能完整叙述	10			
转向参数测量仪的组成	能完整叙述	10			
转向参数测量仪的使用方法	能叙述	10			
能熟练完成转向性能检测流程	能熟练操作	10			
读取检测结果,并进行结果分析判断	会判断、会分析	10			
能完成转向系统装配关系的调整与维修	懂操作、会操作	10			
规范实训操作	是否规范	10			
活动参与	积极主动	5			
劳动纪律	严格遵守	5			

（续）

考核项目	评分标准	分值	小组互评(50%)	教师评价(50%)	小计
团队合作	是否和谐	5			
现场7S	是否进行	5			
总评：		100			

教师签名：_____　　　　　　　　　　　　　　_____年_____月_____日

任务二　汽车四轮定位检测

任务目标

1. 掌握汽车四轮定位参数的概念及作用；
2. 掌握四轮定位参数不合理引起的故障现象；
3. 能熟练完成四轮定位仪夹具、传感器等工具的安装；
4. 能在指定工位上熟练完成四轮定位的检测；
5. 能读取检测数据，并根据各汽车企业对四轮定位参数的规定，进行四轮定位参数的调整。

 任务描述

王师傅的比亚迪 F3 型轿车出现侧面交通事故，使得后轴及车轮变形，经保险公司处理后进行修理。修理后的车辆必须经过四轮定位，才能保证车辆的操纵安全性。

 知识准备

为适应轿车高速运行状态下的稳定性和舒适性要求，现代轿车还具有后轮前束和后轮外倾角等参数，与前轮定位参数一起统称为四轮定位。

一、汽车四轮定位参数

1. 主销后倾角

定义：从汽车的侧面看，转向轴中心线与竖直线所成的夹角称为主销后倾角，记为 γ。如图 5-3 所示，规定主销后倾为正，主销前倾为负。

作用：当汽车行驶中，转向轮偶然受外力作用而稍有偏转时，主销后倾将产生与车轮转向方向相反的力矩，使车轮自动回正，可保证汽车直线行驶的稳定性。

主销后倾角过大：转向后转向盘回正性好，但会造成转向沉重。主销后倾角过小：转向后缺乏转向盘自动回正能力，引起前轮摆振、转向盘摇摆不定，驾驶人失去路感，车速高时发飘。左右车轮主销后倾角不相等：车辆会朝着主销后倾角小的一侧跑偏。

2. 主销内倾角

定义：从汽车的前面看，转向轴中心线与竖直线所成的夹角称为主销内倾角，记为 β。如图 5-4 所示，规定主销内倾为正，主销外倾为负。

作用：使转向轻便，并且使前轮转向后也产生回正力矩。

主销后倾和主销内倾都有使汽车转向自动回正的作用，但主销后倾的回正作用随车速增大而增大，高速时起主导作用。主销内倾的回正作用与车速无关，低速起主要作用。

当主销内倾角过大时，转向时会使轮胎磨损加剧。

3. 车轮外倾角

定义：从汽车前方看轮胎中心线与竖直线所成的角度称为外倾角，记为 α。如图 5-4 所示，规定车轮外倾为正，车轮内倾为负。

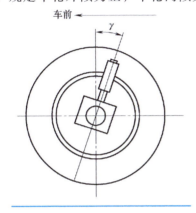

图 5-3 主销后倾角

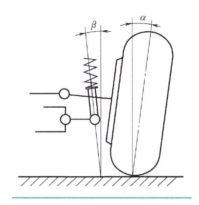

图 5-4 主销内倾角与车轮外倾角

作用：当防止车辆满载时，悬架变形造成车轮内倾，避免轮胎偏磨损和减轻轮毂轴承的负荷。同时，可减少前轮纵向旋转平面接地点至主销中心线延长线与地面交点的距离，从而使转向轻便。

当车轮外倾角太大时，会造成轮胎外侧出现单边磨损，悬架系统零件磨损加剧，车辆会朝着外倾角较大的一侧跑偏。

当负外倾角太大时，会造成轮胎内侧单边出现磨损，悬架系统零件磨损加剧，车辆会朝着负外倾角较小的一侧跑偏。

4. 前轮前束

定义：从汽车的正上方向下看，轮胎中心线与汽车纵向几何中心线之间的夹角称为前束角，记为 φ。如图 5-5 所示，规定两轮前边缘距离小于后边缘距离为正，反之为负。负前束也叫作前张角。两个车轮的前束角之和，即两个轮胎中心线的夹角称为总前束。国内，采用 $A-B$ 差表示前束值，单位为 mm。

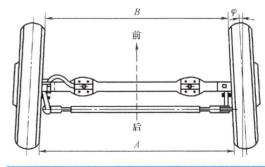

图 5-5 前轮前束

作用：消除车轮外倾造成的不良后果，减轻轮毂外轴承的压力和轮胎的磨损。

当前束角太大时，会造成轮胎外侧羽毛状磨损，羽毛状磨损的尖部指向汽车纵向轴线，当用手从内侧向外侧抚摸，胎纹外缘有锐利的刺手感觉，另外会造成转向不稳定，车轮发抖。

当负前束太大时，会造成轮胎内侧羽毛状磨损，羽毛状磨损的尖部背离汽车纵向轴线，当用手从外侧向内侧抚摸，胎纹外缘有锐利的刺手感觉，并且转向不稳定，车轮发抖。

5. 其他定位参数

除了以上基本定位参数，还有推力角、轴距差、轮距差、退缩角和转向前展角等。

二、四轮定位参数不合理引起的故障

1. 四轮定位参数不合理引起的行驶故障

车辆不正确的定位参数引起的行驶故障有下面几种常见类型：
1）外倾角不相等。汽车直行时方向朝较大外倾角边偏。
2）外倾角过小。悬架（挂）系统零件及轮胎内缘磨损。
3）外倾角过大。悬架（挂）系统零件及轮胎外缘磨损。
4）正前束角过大（内八字）。转向盘飘浮不稳定，轮胎内缘快速磨损，胎纹外缘羽毛状磨损。
5）负前束角过大（外八字）。转向盘飘浮不稳定，轮胎外缘快速磨损，胎纹内缘羽毛状磨损。
6）主销后倾角不相等。汽车直行时方向朝较小后倾角边偏。
7）主销后倾角过小。直行时转向盘摇摆不定，转向后转向盘无法自动回正。
8）主销后倾角过大。转向时转向盘太重。

2. 四轮定位检测确定

在汽车行驶中出现下列情况时，必须对车轮定位参数进行检测：
1）汽车直线行驶困难。
2）前轮摇摆不定，行驶方向漂移。
3）轮胎磨损严重且磨损不均。
4）汽车更换悬架系统、转向系统有关部件或前部经碰撞事故维修后。
5）新车行驶 3000km 以及每行驶 10000km 后。

三、常见车型四轮定位参数标准

四轮定位参数没有国家标准，通常由汽车设计企业根据设计标定。表 5-2 列出了几种常见车型的前轮定位参数，其他车型的定位参数可查阅相关的维修手册。表 5-3 所示为比亚迪 F3 车轮定位参数。

表 5-2 常见车型的前轮定位参数

车型	前轮前束		前轮外倾角		主销后倾角		主销内倾角	
	下限	上限	下限	上限	下限	上限	下限	上限
上海桑塔纳	$-0°30'±10'$（重载）		$-1°40'±20'$		30'不可调			
奥迪 Audi200	$-0°10'$	$-0°4'$	$-1°0'$	$0°0'$	$0°24'$	$1°45'$		
一汽捷达	$0°±10'$		$0°±20'$		$1°30'±30'$		$14°$	
丰田 Dyna	$-0°10'$	$0°10'$	$-0°45'$	$0°45'$	$0°55'$	$2°25'$	$9°45'$	$11°15'$

(续)

车型	前轮前束		前轮外倾角		主销后倾角		主销内倾角	
	下限	上限	下限	上限	下限	上限	下限	上限
宝马 M5	0°15′	0°24′	−1°0′	0°0′	7°58′	8°58′	12°16′	13°16′
奔驰 E500	0°10′	0°30′	−1°19′	−0°49′	9°58′	10°58′		
本田 Accord	−0°25′	0°25′	−1°0′	1°0′	2°0′	4°0′		
日产 PriMcra4×4	0°0′	0°12′	−1°4′	0°25′	1°34′	3°4′	14°4′	15°34′
大发 Mira	−0°5′	0°15′	0°0′	1°3′	1°49′	3°49′		
解放 CA1091	2~4mm		1°		1°30′		8°	
东风 EQ1090E	1~5mm		1°		2°30′		6°	

表 5-3 比亚迪 F3 车轮定位参数

参数 \ 方向	左	右
前轮外倾	−0°17′±45′ (−1°2′~0°28′)	−0°17′±45′ (−1°2′~0°28′)
前轮前束	总前束:−0.5~3mm 换算成动态单侧前束角度值:−0.02°~0.14°(−1.2′~8.4′) 两前轮的总前束值:−0.04°~0.28°	
主销内倾	12°±45′ (11°15′~12°45′)	12°±45′ (11°15′~12°45′)
主销后倾	2°36′±45′ (1°51′~3°21′)	2°36′±45′ (1°51′~3°21′)
后轮外倾	−0.6°±30′	−0.6°±30′
后轮前束	总前束:(1.1±2.5)mm(−1.4~3.6mm) 换算成动态单侧前束角度值:−0.06°~0.16° 两后轮的总前束:−0.13°~0.33°	
车轮最大转角	内侧 39°12′±3° (36°12′~42°12′)	外侧 33°04′±3° (30°04′~36°04′)

四、四轮定位仪设备构成及工作原理

1. 四轮定位仪的分类

四轮定位仪按出现的先后情况可分为:气泡水准式、光学投影式、拉线式、PSD 式、CCD 式和 3D 影像式等形式。

气泡水准式定位仪和光学投影式定位仪,它们属于普通的机械或光学仪表,测量精度低,仅前轮定位。

拉线式、PSD 式、CCD 式、3D 影像式,属于计算机式四轮定位仪,它们均应用计算机技术和精密传感技术,由装在车轮上的传感器将车轮定位角的几何关系转化成电信号接入微机进行处理、分析和判断,然后由显示器显示和打印机打印输出,并且可以同时进行四轮定位。对于计算机式四轮定位仪,如果按传感器机头之间、传感器机头与主机之间的通信方式不同,又分为有线式和无线式两种。无线式又分为红外光和蓝牙通信两种形式。

2. 四轮定位仪的构成

四轮定位仪由定位仪主机箱、传感器机头、通信系统、轮辋夹具、转角盘和附件等组成，如图5-6所示。

（1）定位仪主机箱 定位仪主机箱由机柜、计算机、主机接口和打印机组成。计算机内有四轮定位专用软件，计算机硬盘中存有各种车型定位参数的数据库和操作帮助系统等。其作用是实现用户对四轮定位仪的指令操作，对传感器数据进行采集和处理，并与原厂设计参数一起显示出来，同时指导用户对汽车进行调整，最后打印出相应的报表。

（2）传感器机头 传感器机头是四轮定位仪的核心部件。上面标有在车轮上的安装位置，各自不能互换。如果更换任意传感器机头则需要对所有传感器机头重新进行标定。

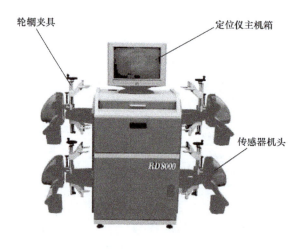

图5-6 四轮定位仪的构成

传感器机头内主要有控制板、信号光源、位置传感器、倾角传感器、通信装置和电源等。传感器机头各传感器安装位置示意图如图5-7所示。

大箱体内的位置传感器用于测量水平纵向的定位角，又称为前束传感器；小箱体内的位置传感器用于测量水平横向定位角，又称为横角传感器。

两个倾角传感器互成90°放置，其中，外倾角传感器能直接测量车轮中性面的倾角，用于车轮外倾角和主销后倾角的测量。主销内倾角传感器则通过测量车轮平面绕转向节轴线的相对转角，计算出主销内倾角的大小。

（3）通信系统 通信系统实现传感器机头之间、传感器机头与主机之间的数据传递，采用电缆、红外光和蓝牙通信技术。

（4）轮辋夹具 轮辋夹具用于固定传感器机头，类型有自定心夹具和单动夹具两种。它是保证传感器检测

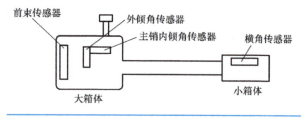

图5-7 传感器机头各传感器安装位置示意图

精度的关键部件，材料大多用轻铝合金。自定心夹具采用自定心方式，操作简便结构合理。单动夹具采用四点定位方式，误差点取值多，中心对正较好，精度较高。图5-8所示为单动夹具的结构。

（5）转角盘 当测试时，车辆前轮压在转角盘上，可自由转动的转角盘能够消除车轮在转动时所产生的压力。转角盘由固定盘、活动盘、扇形刻度尺、游标指针、锁止销和滚珠等组成，如图5-9所示。

（6）附件 附件包括转向盘锁定杆和制动踏板固定杆等，如图5-10所示。在测试时，转向盘锁定杆锁止转向盘，使其不转动；制动踏板固定杆固定制动踏板，使车辆制动。

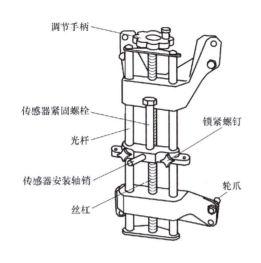

图 5-8 单动夹具的结构

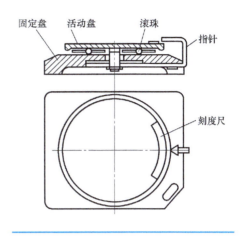

图 5-9 转角盘的结构

3. 四轮定位仪的工作原理

四轮定位仪的工作原理如图 5-11 所示,整个系统共分为数据采集和数据处理两个部分。数据采集部分共有四个传感器机头。机头中的线阵 CCD 传感器分别感应与其相对机头上的红外发射管的位移;机头中的倾角传感器感应自身机头在两个不同方向的角度位移,经机头中单片机处理,通过射频发射接收器无线传输到机柜中的主射频发射接收器,再传输到计算机主机进行误差处理。由于机头通过四个夹具与

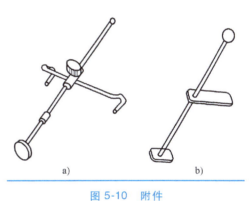

图 5-10 附件
a) 转向盘锁定杆　b) 制动踏板固定杆

汽车轮辋相连,所以通过八个线阵 CCD 传感器和四个双轴倾角传感器可以计算出四个轮辋的相互关系,从而确定车轮的定位参数。八个线阵 CCD 传感器形成一个封闭的直角四边形,可实现车辆的四轮定位测量。

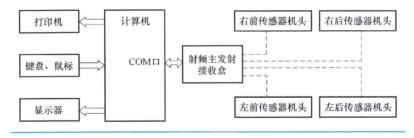

图 5-11 四轮定位仪的工作原理

任务实施

根据检测线工位布置情况,选择四轮定位仪所在的工位,针对维修后的比亚迪 F3 故

障车辆进行四轮定位参数的检测与调整，检测具体流程见表5-4。

表5-4 汽车四轮定位检测操作流程

操作步骤	操作方法与流程	示意图
一、检测前工位准备		
1. 被检车辆试验前的检查	1）检查轮辋和轮胎情况。包括胎压是否符合要求，前后轮两边花纹是否相同，轮胎磨损是否一致，轮胎花纹检测，轮辋变形情况检查等；如轮胎变形或严重磨损应更换后再做四轮定位 2）检查转向系统情况。包括转向器、传动机构是否有松动 3）检查悬架部件。包括减振器是否失效，减振弹簧是否折断或变形等 4）检查车轮动平衡。排除车轮不平衡后再进行四轮定位检测 5）检查车身左右高度是否对称	
2. 车辆在举升机上的准备	1）根据汽车的轴距和轮距确定转角盘和后滑板的位置，保证转角盘和后滑板在同一水平面，避免倾角测量产生误差 2）检查转角盘的锁止销是否锁好，将被测车辆开上举升机，车身要摆正 3）车辆停稳后，轮胎应在转角盘和后滑板的中心。车辆熄火后，拉上驻车制动器操纵杆 4）将前轮转角盘及后轮滑板的固定锁松开 5）将车身前后端都向下摇晃几下，保证车身的稳定性	
二、检测方法及流程		
操作步骤	操作方法与流程	示意图
1. 检测设备的安装	1）安装快速夹具。依照轮胎所标记的尺寸，调节两个较低位置的卡爪，将其卡在轮圈边缘，移动顶部的卡爪到轮圈边缘并用星形手柄锁紧，将可调整的夹紧臂放在轮胎上，用力向车轮方向压下两侧夹紧用的杠杆，把夹紧臂移到胎纹中，在松开夹紧臂之前确信两端都已调好	

（续）

	二、检测方法及流程	
操作步骤	操作方法与流程	示意图
1. 检测设备的安装	2）把四个传感器安装到夹具上。前轴车轮上的传感器小端指向车头前进方向，后轴车轮上的传感器小端指向车尾前进的反方向。依照水平气泡指示调整传感器水平，并拧紧夹具上的固定螺钉	 
2. 四轮定位仪基本操作方法及流程	（1）开机及信息输入　启动计算机，运行四轮定位仪专用软件，显示器屏幕出现系统主界面和主菜单，一般包括客户信息、车型选择、系统设定和帮助等项目。客户信息可以任意选择要输入的项目，车型选择选定后可显示该车型的标准数据 （2）轮辋偏摆补偿　偏摆补偿后，拉紧驻车制动器，用制动踏板固定杆固定制动踏板，防止车辆落下下滑动。慢慢放下车辆，用力压几次车身前部和后部，使汽车车轮处于自由状态。如果车辆轮辋良好，可以跳过补偿程序直接进行测量调整 （3）定位检测方法 1）在开始进行调整前，安装好制动锁，以保证后倾角和主销内倾角的准确测量 2）方向正前打直。转动转向盘，使白色箭头对到红区中央白线处。当白色箭头移动到弧形白线的范围之内时，红色区域的颜色转变为绿色，同时白色箭头变为绿色圆形图案。请尽可能把方向对到中央白线位置，以得到更高的测量精度	 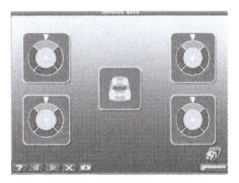

(续)

二、检测方法及流程

操作步骤	操作方法与流程	示意图
2. 四轮定位仪基本操作方法及流程	3）调整传感器水平。一旦正前打直方向之后，程序就会检查传感器是否处于水平状态。如果有传感器不水平，则屏幕上就会出现水平气泡状态的提示画面，提示操作员对不水平的传感器进行水平调整。当所有传感器都处于水平状态之后，程序就会自动进入后轴数据测量步骤 4）20°转向操作。依照屏幕图标提示，向左侧转动转向盘，直到方向对中中央白线位置。然后再依照屏幕白色箭头所示，向右侧转动转向盘，直到方向对中中央白线位置。接着由程序引导进入正前打直操作，方向对中之后，屏幕上就会显示出调整前检测所测量出的数值 （4）定位调整　做定位调整前，先打正转向盘并将转向盘锁止，再升起举升机到合适调整的高度，将举升机锁止在水平安全位置，以保证后轴调整时中心对称面的准确测量，并防止前轮调整时方向偏转，影响测量结果。将四个传感器调整为水平状态，再操作定位仪进入定位调整操作 车辆调整的顺序规则是："先调后轮：先调外倾角，再调前束角；再调前轮：先调主销后倾角，再调外倾角，最后调前束角（此时转向盘应对正锁止）" （5）调整后复检 1）将举升机降回到调整前测量时的高度，并锁止在水平安全位置，进行调整后复检。选择"调整后检测"图标，就可进入调整后检测操作步骤。调整后检测的操作流程与调整前检测完全相同。可依照屏幕操作引导完成 2）调整后检测。调整后检测完成之后得到的检测报告即为最终的检测报告。此报告的最右一列数据就是调整后的车辆实际定位参数。单击屏幕下方的"打印机"图标即可打印出完整的检测调整报告。单击屏幕下方的"×(退出)"图标，则程序返回定位程序初始画面	  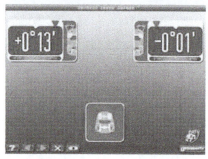 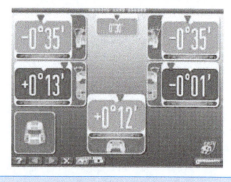

三、定位参数调整方法

操作步骤	操作方法与流程	示意图
1. 前束值调整方法	调整前束之前，首先必须确定前轮是否指向正前方、转向盘是否居中，然后松开转向横拉杆调节套筒上的固定螺栓，转动调节套筒，使横拉杆两端移动	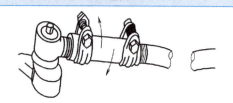

(续)

操作步骤	操作方法与流程	示意图
2. 主销后倾和车轮外倾的调整方法	许多麦弗逊式悬架，车辆在制造时就固定了主销后倾角和车轮外倾角，只能通过更换相应组件来加以调整 对于传统悬架的车辆，有以下几种调整主销后倾角和车轮外倾角的方法： 1) 用垫片调整 2) 用偏心机构和垫片调整	（图：悬架示意图，标注"凸轮"）

知识拓展

轮胎磨损异常分析

轮胎磨损异常通常与四轮定位参数有关，图 5-12 所示为轮胎的多种异常磨损现象。轮胎异常磨损的主要原因如下：

1) 轮胎单肩磨损如图 5-12a 所示。若轮胎外缘磨损，主要原因是外倾角太大或悬挂件磨损；若轮胎内缘磨损，主要原因是外倾角太小或悬挂件磨损。

2) 轮胎羽状磨损如图 5-12b 所示。若轮胎外缘羽状磨损，主要原因是前束角太大形成内八字；若轮胎内缘羽状磨损，主要原因是前束角成负值形成外八字。

3) 轮胎锯齿状磨损如图 5-12c 所示。胎冠由外向内或由内向外呈锯齿状磨损。若胎冠由外侧向里侧呈锯齿状，说明汽车前轮前束过大（对于独立悬架的后轮来说，亦然）；反之，若胎冠由里侧向外侧呈锯齿状磨损，说明汽车前轮前束过小。

4) 轮胎凸波状磨损如图 5-12d 所示，轮胎花纹沿周向呈波浪状磨损。主要原因是车轮静态不平衡或后轮前束不良，或车轮轮毂磨损松旷，轮毂轴承松旷及调整不当。

5) 轮胎胎肩两侧磨损如图 5-12e 所示。主要原因是轮胎气压不足或汽车超载造成的。

6) 轮胎胎冠磨损如图 5-12f 所示。主要原因是轮胎气压高于标准压力。

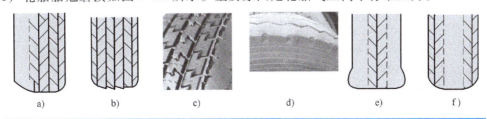

图 5-12 汽车轮胎异常磨损

a) 单肩磨损　b) 羽状磨损　c) 锯齿状磨损　d) 凸波状磨损　e) 胎肩两侧磨损　f) 胎冠磨损

汽车检测技术

评价反馈

考核项目	评分标准	分值	小组互评(50%)	教师评价(50%)	小计
汽车四轮定位参数及参数不合理将引起的故障现象	能叙述	10			
熟悉在何种状况下才进行四轮定位检测	能叙述	10			
汽车四轮定位仪的组成及功用	能叙述	10			
汽车四轮定位仪的工作原理	能完整叙述	10			
能熟练安装四轮定位仪设备	能熟练操作	10			
会熟练操作四轮定位仪进行检测	能熟练操作	10			
能根据检测结果,分析原因,熟练进行四轮定位参数的调整	懂操作、会操作	10			
规范实训操作	是否规范	10			
活动参与	积极主动	5			
劳动纪律	严格遵守	5			
团队合作	是否和谐	5			
现场 7S	是否进行	5			
总评:		100			

教师签名:_____ ____年____月____日

任务三　汽车转向轮侧滑检测

任务目标

1. 掌握转向轮侧滑的原因;
2. 掌握转向轮侧滑检验台的组成及功能;
3. 能在指定工位上熟练完成侧滑量的检测;
4. 能读取检测结果,并根据国家标准,确定侧滑量引起的原因,并能够完成外倾角与前束值的调整。

任务描述

某货车行驶 10 万 km,出现轮胎单侧磨损严重,致使轮胎寿命变短,也影响车轮的附着条件。严重时可能导致丧失定向行驶能力,引发交通事故。要解决这一问题首先要进行汽车转向轮侧滑检测。

知识准备

当汽车在地面行走时,要求车轮外倾角和车轮前束有适当配合,才能保证汽车转向车轮无横向滑移的直线滚动,否则车轮就可能在直线行驶过程中不做纯滚动,产生侧向滑移现象。当这种滑移现象过于严重时,将破坏车轮的附着条件,丧失定向行驶能力,引起轮胎的异常磨损。

一、转向轮侧滑原因及检测目的

转向轮侧滑检测属于车轮定位参数的动态检测,其目的是检测汽车转向轮外倾角与前束值的匹配情况。

1. 转向轮外倾角引起侧滑

当车轮具有正外倾角时,其轮轴中心的延长线必定与地面在一定距离处有一个交点 D,车轮在滚动时,车轮会绕 D 点转动。在实际运动中,由于有车桥的约束,车轮不可能向外滚动,而是产生向外滚动的趋势。

当车轮通过滑动板时,存在于车轮与滑动板之间的弹性附着力就会推动滑动板向内移动,如图 5-13 所示。滑动板由实线位置侧滑到虚线位置,其单边转向轮的内侧滑量 $S_c = \dfrac{(L'-L)}{2} < 0$,记为负侧滑(滑动板向内侧滑)。

2. 转向轮前束引起侧滑

假设让两个只有前束而没有外倾的转向轮向前驶过滑动板,两侧滑动板在转向轮侧向力的作用下分别向外侧滑移,如图 5-14 所示,该滑移量即为转向轮前束引起的侧滑量,其单边转向轮的外侧滑量 $S_t = \dfrac{(L'-L)}{2} > 0$,记为正侧滑(滑动板向外侧滑)。

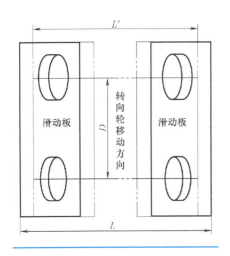

图 5-13 由车轮外倾角引起侧滑

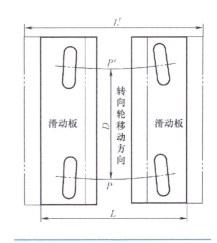

图 5-14 由车轮前束引起的侧滑

3. 转向轮外倾与前束的综合作用

汽车转向轮同时设置外倾角与前束值,侧滑量为两者综合作用的结果:$S = S_t - S_c$。

如果两者配合得当,则转向轮在向前滚动过程中,车轮外倾与前束作用在转向轮的侧向力大小相等、方向相反,因而,可以抵消,使得车轮处于向前直行的滚动状态,不产生侧滑,即 $S = 0$。

如果两者配合不当，板向外滑动，$S>0$，说明车轮外倾角过小，或前束过大或为车轮内倾；滑动板向内滑动，$S<0$，说明车轮外倾角过大，或前束过小或为负前束。

二、转向轮侧滑检测参数及国家标准

转向轮侧滑参数用侧滑量与侧滑板长度之比表示，即

$$C = \frac{S}{L} \tag{5-1}$$

式中　C——侧滑参数（m/km）；

　　　S——转向轮单边侧滑量（mm）；

　　　L——侧滑板的长度（mm），$L=500\text{mm}$、800mm、1000mm。

国家标准 GB 7258—2017《机动车运行安全技术条件》和 GB 18565—2016《道路运输车辆综合性能要求和检验方法》，对汽车有关转向轮定位参数的检测做了如下一些规定：

1）机动车转向轮转向后应能自动回正，以使机动车具有稳定的直线行驶能力。

2）机动车前轮定位值应符合该车有关技术条件。

3）机动车转向轮的横向侧滑量，用侧滑仪检测时，其值不得超过 ±5m/km。

三、侧滑检验台

侧滑检验台是使汽车在滑动板上驶过时，测量滑动板左右移动量的方法来测量前轮侧滑量的大小和方向，并判断是否合格的一种检测设备。目前，在国内侧滑检验台有单板侧滑检验台和双板联动式侧滑检验台，这里以双板联动式侧滑检验台为例进行介绍。

双板联动侧滑检验台主要由机械和电气两部分组成，如图 5-15 所示。机械部分主要由两块滑动板、联动机构、回零机构、滚轮及导向机构、限位装置及锁零机构组成。电气部分包括位移传感器和电气仪表。

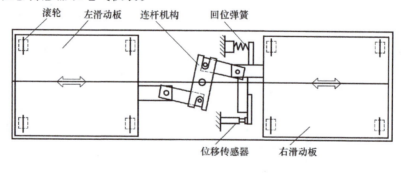

图 5-15　侧滑检验台结构示意图

1. 机械部分

左右两块滑动板分别支承在各自的四个滚轮上，每块滑动板与其连接的导向轴承在轨道内滚动，保证了滑动板只能沿左右方向滑动而限制了其纵向的运动两块滑动板通过中间的联动机构连接起来，从而保证了两块滑动板做同时向内或同时向外的运动。相应

的位移量通过位移传感器转变成电信号送入仪表。回零机构保证汽车前轮通过后滑动板能够自动回零。限位装置是限制滑动板过分移动而超过传感器的允许范围,起保护传感器的作用。锁零机构能在设备空闲或设备运输时保护传感器。滑动机构能够保证滑动板轻便自如地移动。

2. 电气部分

电气部分按传感器的种类不同而有所区别。目前常用的位移传感器有电位计式和差动变压器式两种。早期的侧滑检验台也有用自整角电机的,现已很少用。

(1)电位计式测量装置　电位计式测量装置原理非常简单,将一个可调电阻安装在侧滑检验台底座上,其活动触点通过传动机构与滑动板相连,电位计两端输入一个固定电压(如5V),中间触点随着滑动板的内外移动也发生变化,输出电压也随之在0~5V范围内变化,把2.5V左右的位置作为侧滑检验台的零点,如果滑动板向外移动,输出电压大于2.5V,达到外侧极限位置输出电压为5V。滑动板向内移动,输出电压小于2.5V,达到内侧极限输出电压为0。这样仪表就可以通过A-D转换将侧滑传感器电压转换成数字量,并送入单片机处理,得出侧滑量的大小。

(2)差动变压器式测量装置　原理与电位计式类似,只是电位计式输出一个正电压信号,而差动变压器式输出的是正负两种信号。把电压为0时的位置作为零点。滑动板向外移动输出一个大于0的正电压,向内移动输出一个小于0的负电压。同样,仪表就可以通过A-D转换将侧滑传感器电压转换成数字量,并送入单片机处理,得出侧滑量的大小。

(3)指示装置　指示装置有指针式和数字式,近年来国内各厂家生产的侧滑检验台均采用数字式指示装置。数字式指示装置多以单片机进行数据采集和处理,因而具有操作方便、运行可靠和抗干扰性强等优点,同时还能对检测结果进行分析、判断、存储、打印和数字显示等功能。当滑动板侧滑时通过位移传感器转变成电信号,经过放大与信号处理后成为0~5V的模拟量,再经A-D转换转变成数字量,输入计算机运算处理,然后显示出检测结果或由打印机打印出检测结果。数字式显示装置直接显示数据,并用"+""-"表示。滑动板向外侧滑的数值记为"+",向内滑动记为"-"。

3. 释放板的作用

车轮在驶入侧滑检验台前,由于车轮侧滑量的作用,车轮与地面间接触产生的横向应力迫使车轮产生变形,在驶上侧滑板的瞬间将迅速释放并引起滑动板移动量大于实际侧滑量引起的位移;在驶出滑动板的瞬间已接触地面部分的轮胎将积聚应力阻碍滑动板移动,从而使滑动板位移量小于实际值。因此,近来陆续出现了前后带应力释放板的侧滑检验台,以保证车轮通过中间滑动板(带侧滑量检测传感器)时得以准确测量。因进车时的应力释放对侧滑测量造成的影响比出车时大得多,考虑成本因素,目前在进车方向带释放板的侧滑检验台较多。

任务实施

根据检测线工位布置情况,选择侧滑检验台所在的工位,对故障车辆进行侧滑检测,检测具体流程见表5-5。

表 5-5 转向轮侧滑检测操作

一、检测前工位准备		
操作步骤	操作方法与流程	示意图
1. 检验台的准备	1）检查侧滑检验台导线连接情况，打开电源开关，查看数码管是否亮度正常并都在零位上 2）检查侧滑检验台上面及其周围的清洁情况，如有油污、泥土、砂石及水等应予清除 3）打开侧滑检验台的锁止装置，检查滑动板能否在外力作用下左右滑动自如，外力消失后回到原始位置，且指示装置指在零点 4）检查报警装置在规定值时能否发出报警信号，并视需要进行调整或修理	锁止销
2. 被检汽车的准备	1）轮胎气压应符合汽车制造厂的规定 2）轮胎上粘有油污、泥土、水或花纹沟槽内嵌有石子时，应清理干净 3）轮胎花纹深度必须符合 GB 7258—2017《机动车运行安全技术条件》的规定	

二、检测方法及流程		
操作步骤	操作方法与流程	示意图
检测流程	1）拔掉滑动板的锁止销钉，接通电源 2）将汽车前轮始终以 3~5km/h 的速度垂直侧滑板驶向侧滑检验台，使前轮平稳通过滑动板 注意：在侧滑板上不能停顿，检测过程中不能转向和制动，超过检验台允许轴荷的车辆不准驶上滑动板 3）当前轮完全通过滑动板后，从指示装置上观察侧滑方向并读取、打印最大侧滑量 4）对于后轮有定位的汽车，按同样方法检测后轮侧滑量 5）检测结束后，应锁止滑动板，切断电源	缓慢通过 侧滑值：向外 4.8 m/km

(续)

操作步骤	操作方法与流程		检测结论（合格否）
记录检测结果	评价指标	数值记录	正侧滑 □是 □否 负侧滑 □是 □否
	侧滑量/(m/km)		
	正测滑		
	负侧滑		

四、汽车侧滑调整

操作步骤	操作方法与流程	示意图
1. 前束值调整方法	1）汽车经侧滑检验台检验,若侧滑量为零,汽车能维持直线行驶,表明其前束值与外倾角配合恰到好处,不需调整 2）若侧滑板向外侧滑（+）且其侧滑量超过规定值,则表明转向轮前束值太大,可相应将转向梯形机构的横拉杆缩短 3）若侧滑板向内侧滑（-）且其侧滑量超过规定值,则表明转向轮负前束太大,此时,应放长转向梯形机构的横拉杆 4）调整方法:首先松开横拉杆长度锁紧螺母,然后用管钳转动调整螺母套管,该套管左右两端螺旋线方向相反,转动时可使横拉杆向两端伸长或缩短,以此来调节车轮前束值	外倾角 前束 外倾角/前束:装上特殊工具。松开减振器固定螺栓,调外倾角(别克、凯迪拉克)
2. 外倾角调整方法	1）非独立悬架车轴车轮的外倾角是在转向节设计中确定的,当车轮外倾角不符合规定时,需检查轮毂轴承是否松旷、转向节铜套是否磨损和转向节轴是否变形等,根据故障情况可予以修复或更换 2）独立悬架汽车,如国产红旗轿车前轮采用不等长双摆臂式螺旋弹簧独立悬架,其车轮外倾角的调整可通过增减调整垫片来实现	

后轮侧滑检测及技术状况分析

如果对后轮进行侧滑检测,方法同前轮,检测结果分析如下:

1）使汽车后轮从侧滑检验台滑动板上前进或后退,如果两次侧滑量读数均为零,表明后轴无任何弯曲现象。

2）若两次侧滑量读数不为零,且前进或后退驶过侧滑板后,侧滑量读数相等而侧滑方向相反,表明后轴在水平面内产生弯曲。

3）若两次侧滑量读数不为零,且前进或后退驶过侧滑板后,侧滑量读数相等而侧滑方向相同，表明后轴在垂直平面内产生弯曲。

 评价反馈

考核项目	评分标准	分值	小组互评(50%)	教师评价(50%)	小计
分析侧滑的原因及危害	能叙述	10			
侧滑检测的参数及标准	能完整叙述	10			
侧滑检验台的组成及功能	能完整叙述	10			
能根据国家标准，判断检测结果	会判断	10			
能在指定工位上熟练完成侧滑量的检测	能熟练操作	10			
会读取侧滑试验结果并对结果进行判断	会判断、会分析	10			
完成外倾角与前束值的调整	懂操作、会操作	10			
规范实训操作	是否规范	10			
活动参与	积极主动	5			
劳动纪律	严格遵守	5			
团队合作	是否和谐	5			
现场 7S	是否进行	5			
总评：		100			

教师签名：_____　　　　　　　　　　_____年_____月_____日

练习与思考题

一、名词解释

1. 自由转动量：
2. 转向盘转向力：
3. 主销后倾角：
4. 主销内倾角：
5. 车轮外倾角：
6. 前轮前束：

二、填空题

1. 转向盘自由转动量是指汽车转向轮处于直线行驶位置静止不动时，转向盘可以_____角度。
2. 最高设计车速不小于 100km/h 的机动车的最大自由转动量不允许大于_____。
3. 转向参数测量仪由_____、_____、_____和_____组成。
4. 四轮定位仪由_____、_____、_____、_____、转角盘和附件等组成。
5. 主销后倾角的主要作用是：_____。

6. 机动车转向轮的横向侧滑量，用侧滑仪检测时，其值不得超过____m/km。

三、简答题

1. 简述检测转向盘自由转动量和转向力的操作方法。
2. 何时进行车辆四轮定位检测才是最合适的？
3. 简述轮辋夹具安装操作方法。
4. 简述转向轮侧滑的形成及测量原理。
5. 简述侧滑检验台的构成及工作原理。
6. 汽车侧滑检测不合格，怎样调整转向轮外倾与前束值？

项目六
汽车平顺和通过性能检测

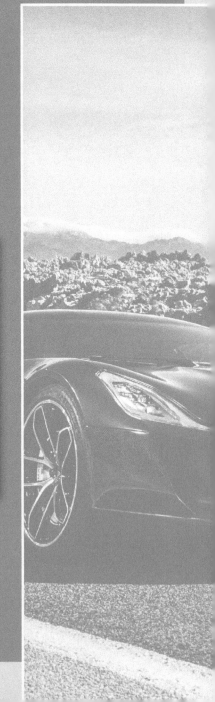

任务一 汽车车轮平衡检测

1. 掌握车轮动不平衡的原因与危害；
2. 掌握离车式车轮平衡机的组成与功能；
3. 能熟练使用车轮平衡机及附属工具进行动不平衡检测；
4. 能读取检测数据，判定车轮内外不平衡重的数值及位置，并完成平衡块的选择及正确粘贴。

 任务描述

客户王先生开车到售后服务中心报修：当车辆在高速路上行驶速度高时，感到车轮跳动和摆振，转向盘振动，影响汽车的平顺和舒适。售后服务中心李师傅听后建议做车轮动平衡及四轮定位检测。

 知识准备

汽车的车轮是由轮胎和轮毂组成的一个整体。但由于制造及安装原因，使其各部分的质量分布不可能非常均匀。当汽车车轮高速旋转起来后，就会形成动不平衡状态，造成车辆在行驶中车轮抖动、转向盘振动的现象。为了避免这种现象或是消除已经发生的这种现象，就要使车轮在动态情况下通过增加配重的方法，使车轮校正各边缘部分的平衡。这个校正的过程就是人们常说的动平衡。

一、车轮不平衡概念

1. 车轮静不平衡

车轮静平衡指车轮质心与旋转中心重合。车轮静不平衡是指车轮质心与其旋转中心不重合，若使其转动，则只能停止于一个固定方位。

检验方法：转动轮胎，标记第一次停止的最低点；若多次转动轮胎，每次停止的位置为标记点，说明轮胎静不平衡。

2. 车轮动不平衡

静平衡的轮胎不一定是动不平衡的。静平衡的车轮，因车轮的质量分布相对于车轮纵向中心平面不对称，旋转时会产生方向不断变化的力偶，车轮处于动不平衡状态。图 6-1a 所示为车轮静平衡但动不平衡，而图 6-1b 所示为车轮动平衡。

动平衡的车轮肯定是静平衡的，但静平衡的车轮却不能保证是动平衡的，因此对车轮主要应进行动平衡检测。

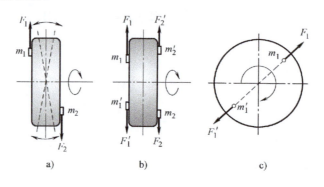

▲ 图6-1 车轮平衡示意图
a) 车轮静平衡但动不平衡　b) 车轮动平衡　c) 对称配重示意图
$m_1'-m_1$ 对称配重　$m_2'-m_2$ 对称配重

二、车轮不平衡危害及动不平衡检测判定

1. 车轮不平衡的原因

1）车轮定位不当，尤其是前束和主销倾角调整不当。

2）轮胎和轮辋以及挡圈等因几何形状（主要是碰撞变形）失准或密度不均匀而先天形成的重心偏离。

3）因轮毂和轮辋定位误差使安装中心与旋转中心不重合。

4）维修过程的拆装改变了整体质量中心，破坏了原有的良好平衡状态。

5）轮辋直径过小，运行中轮胎相对于轮辋在圆周方向滑移，从而产生波状不均匀磨损。

6）车轮碰撞造成的变形引起的质心位移。

7）轮胎翻新中因定位精度不高而造成新胎冠厚度不均匀而使质心改变。

8）高速行驶中制动抱死而引起的纵向和横向滑移，造成局部的不均匀磨损。

2. 车轮不平衡危害

行驶中的车辆车轮不平衡会产生：第一，胎面会与地面产生不正常的磨损，不平衡量较大处会以磨损的方式将多余量消除。第二，会加速车轴与轴承的磨损。第三，会加速悬架和转向系统部件的磨损。第四，方向轮的振动会导致转向盘的抖动，从而影响驾驶人的舒适性。第五，最重要的是在高转速时可能危及人身安全，如爆胎、方向不受控制和翻车等。

3. 车轮动不平衡检测判定

车辆需要做动不平衡检测的情况如下：

1）当行驶在平整的路面上时，感觉到转向盘发抖，车辆跳动，且速度越快，越明显。

2）修补轮胎、更换轮胎或轮毂后。

3）车轮发生强烈碰撞后。

三、车轮平衡检验设备及工作原理

1. 车轮平衡机分类

（1）按照平衡范围分　按照平衡范围分为小型车轮平衡机和大型车轮平衡机。一般来说，小型车轮平衡机平衡的最大车轮直径为24in[⊖]，大型车轮平衡机为26in[⊖]，因此在测量的车轮直径上它们之间相差不大，但在测量的车轮重量上，小型车轮平衡机要小于65kg，而大型车轮平衡机最多可达到250kg。

（2）按照平衡机的设计样式分　按照平衡机的设计样式分为立式车轮平衡机和卧式车轮平衡机。主轴水平的平衡机为卧式车轮平衡机。主轴竖立的平衡机为立式车轮平衡机，通常在汽车修理厂所见到的车轮平衡机均为卧式车轮平衡机，而立式车轮平衡机一般用于流水线（如汽车车轮装配厂）。

（3）按照车轮的平衡方式分　按照车轮的平衡方式分为离车式车轮平衡机和就车式车轮平衡机。离车式车轮平衡机就是在给汽车平衡车轮时，需先将车轮从车轴上拆下，再将其装在平衡机上平衡。就车式车轮平衡机在给汽车平衡车轮时，无须拆下车轮，只要平衡机移动到待测车轮旁即可。

2. 离车式车轮平衡机的组成

图6-2所示为KWB-402车轮平衡机，由驱动系统、测量控制系统和附加装置等组成。

（1）驱动系统　驱动系统包括安装主轴、电动机、传动装置和制动装置，通常安装在主箱里面。

（2）测量控制系统　测量控制系统由测量振动力（水平传感器和垂直传感器）和控制面板等组成，如图6-3所示。

控制面板用于输入检测参数，包括：轮辋边缘至机箱的距离 a、轮辋宽度 b 和轮辋直径 d。其采用薄膜按键，具有良好的防水、防尘、防油和防有害气体侵蚀的特点。按键上或旁边，有图形或字母标明意思，简单易懂。显示器采用LED技术，它具有稳定性好，结构牢固，抗冲击，耐振动，电压低，节能，环保等优点。

（3）附加装置　附加装置通常由定位锥体、锁紧螺母、专用卡尺和平衡块等组成，如图6-4所示。通常还包括在主轴旋转时，防止车轮上杂物或平衡块飞出伤人，起保护作用的安全罩，如图6-2所示。

▲ 图6-2　KWB-402车轮平衡机

⊖　1in = 25.4mm。

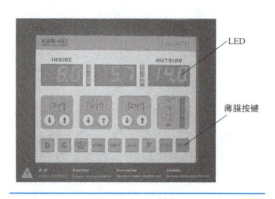

▲ 图 6-3　控制面板的组成

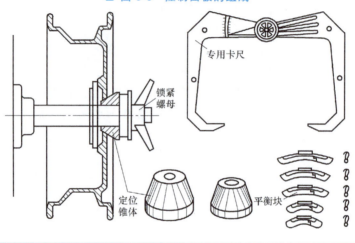

▲ 图 6-4　动平衡机附件

 任务实施

根据检测线工位布置情况，选择车轮动平衡检测工位，针对待检测车辆进行车轮动不平衡检测，检测具体流程见表 6-1。

表 6-1　车轮动不平衡检测操作流程

一、检测前工位准备		
操作步骤	操作方法与流程	示　意　图
1. 动平衡机使用前的检查	1）机器应水平稳固安装 2）检查附件有没有齐全，包括定位锥体、锁紧螺母、专用卡尺和平衡块 3）检查显示面板是否正常（不出现 Error 或其他字符）	

(续)

一、检测前工位准备		
操作步骤	操作方法与流程	示 意 图
2. 对汽车轮胎的清洁	1）准备平衡块拆装钳、一字螺钉旋具等工具 2）清除轮胎上的杂物，检查胎压符合汽车制造厂的规定 3）拆下旧平衡块	

二、检测方法及流程		
操作步骤	操作方法与流程	示 意 图
1. 平衡机上安装轮胎	1）开机，旋转开关，机器面板显示数字，表示开机成功 2）装上车轮，选择适合的锥体，注意锥体的安装方向（14in 以上轮辋装在外侧，反之在内侧） 3）装上锁紧螺母，并旋紧，注意力度不能过大	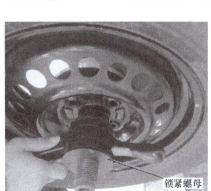

(续)

二、检测方法及流程		
操作步骤	操作方法与流程	示　意　图
2. 轮胎参数测量及数据输入流程	1）从动平衡机上拖出测量尺，测量轮辋边缘至机箱的距离 a 2）在机器面板上输入相应数值 3）用卡尺卡住轮辋两侧并读取数值 b 4）在机器面板上输入轮辋宽度的相应数值 b 5）在轮胎边缘找出轮胎规格读数（例如：195/65R15，字母 R 后面是轮辋直径 d = 15in） 6）在机器面板上输入轮辋宽度的相应数值 d	尺的位置 读数6.5cm 显示　在第一组上、下箭头输入数值 a "6.5" 卡的位置　读数"5.5" 显示　在第二组上、下箭头输入数值 b "5.5" 字母R后面是轮辋直径 d "15" 显示　在第三组上、下箭头输入数值 d "15"

(续)

二、检测方法及流程

操作步骤	操作方法与流程	示 意 图
3. 动不平衡检测流程	1）先推动车轮,检查平顺性,盖上轮罩 2）按 START 键,开始检测。车轮在旋转中,机器在进行数值的收集与计算,这时候不能有外力加在平衡机上 3）显示面板上左边为车轮内侧,右边为车轮外侧。见右图,数字显示车轮内侧需平衡块重 5g,车轮外侧需平衡块重 25g	 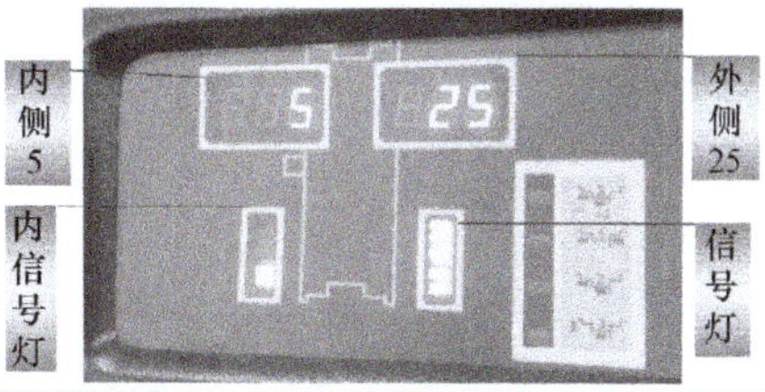 按START键 内侧5　外侧25 内信号灯　信号灯

三、检测结果分析

操作步骤	操作方法与流程	示 意 图
加平衡块方法及操作	1）转动车轮,当右侧指示灯全亮时停止,在轮辋的外侧上部（12 点位置）加上相应质量的平衡块 2）选择合适的平衡块,平衡块上有数值,可以是一个 25g 的平衡块,也可以是 10g+15g 的两个平衡块组合	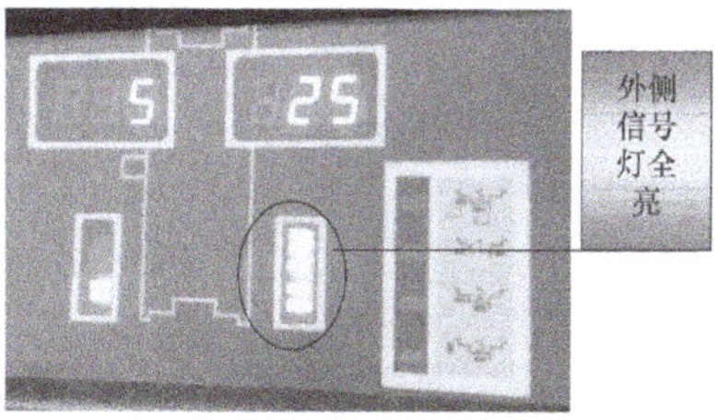 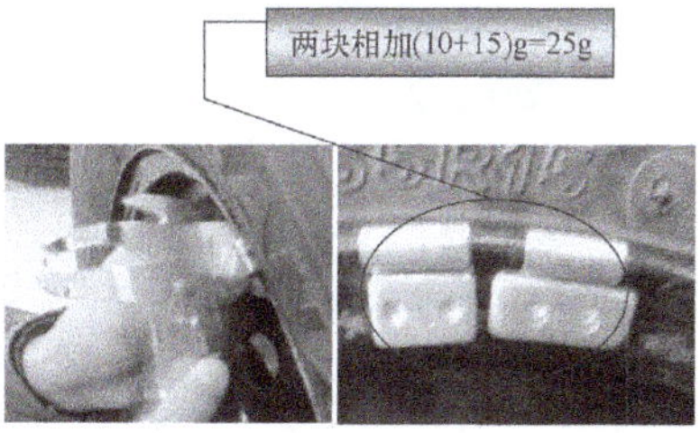 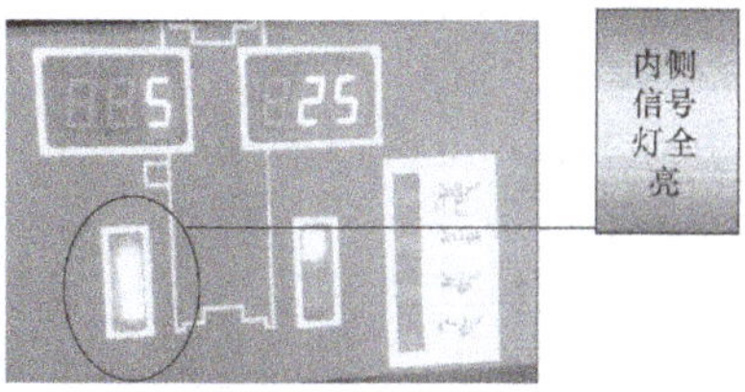 外侧信号灯全亮 两块相加(10+15)g=25g 内侧信号灯全亮

(续)

三、检测结果分析		
操作步骤	操作方法与流程	示意图
加平衡块方法及操作	3）参照外侧的方法，转动车轮，当左侧指示灯全亮时停止，在轮辋的内侧上部（12点位置）加上相应质量的平衡块，质量为5g	

四、再动平衡检测		
操作步骤	操作方法与流程	示意图
检查是否合格	1）再推动车轮，检查平顺性，盖上轮罩 2）按 START 键，开始检测，车轮在旋转中，机器进行数值的收集与计算 3）当面板数值≤5时，表明车轮已经处于平衡，如显示结果≥5，需再加上平衡块直到数值合格为止	

知识拓展

就车式车轮动平衡机介绍

使用就车式车轮动平衡机，无须从车上拆下车轮，就车即可测得车轮的平衡状况。

1. 就车式车轮动平衡机的组成

就车式车轮动平衡机一般由驱动装置、测量装置、指示与控制装置、制动装置和小车等组成，如图6-5所示。驱动装置由电动机和转轮等组成，能带动支离地面的车轮转动。测量装置由传感磁头、可调支杆、底座和传感器等组成。它能将车轮不平衡量产生的振动变成电信号，送至指示与控制装置。指示与控制装置由频闪灯、不平衡度表或数字显示屏等组成。频闪灯用来指示车轮不平衡点位置，不平衡度表或数字显示屏用来指示车轮的不平衡量。

图6-6所示为就车式车轮动平衡机检测示意图。不平衡量一般设有两个档位。第一档

往往用于初查时的指示，第二档往往用于装上平衡块后复查时的指示。制动装置用于车轮停转。除测量装置外，车轮动平衡机的其余装置都装在小车上，可方便地移动。

2. 就车式车轮动平衡机操作

（1）准备工作

1）用千斤顶支起车轴，两边车轮离地间隙要相等。

2）清除被测车轮上的泥土、石子和旧平衡块。

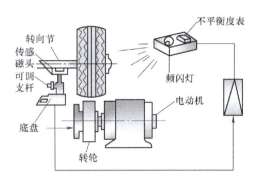

▲ 图6-5 就车式车轮动平衡机结构示意图

3）检查轮胎气压，视情况充至规定值。

4）检查轮毂轴承是否松旷，视情况调整至规定松紧度。

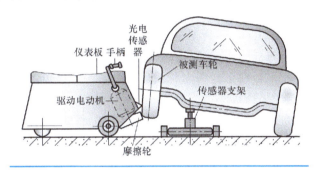

▲ 图6-6 就车式车轮动平衡机检测示意图

5）在轮胎外侧面任意位置上用白粉笔或白胶布做上记号，也可用气门嘴做标记。

（2）转向轮静平衡检测

1）用三角垫木塞紧非测试车轮，将就车式车轮动平衡机的测量装置推至被测前轮一端的前轴下，传感磁头吸附在悬架下或转向节下，调节可调支杆高度并锁紧。

2）推平衡机至车轮侧面或前面（视车轮动平衡机形式不同而异），检查频闪灯工作是否正常，检查转动的旋转方向能否使车轮的转动力与前进行驶时方向一致。

3）操纵车轮动平衡机转轮与轮胎接触，起动驱动电动机带动车轮旋转至规定转速。

4）观察频闪灯照射下的轮胎标记位置，并从指示装置（第一档）上读取不平衡量数值。

5）操纵平衡机上的制动装置，使车轮停止转动。

6）用手转动车轮，使其上的标记仍处在上述观察位置上，此时轮辋的最上部（时钟12点位置）即为加装平衡块的位置。

7）按指示装置显示的不平衡量选择平衡块，牢固地装卡到轮辋边缘上。

8）重新驱动车轮进行复查测试，指示装置用二档显示。若车轮平衡度不符合要求，应调整平衡块质量和位置，直至符合平衡要求。

（3）转向轮动平衡检测

1）将传感磁头吸附在经过擦拭的制动底板边缘平整之处。

2）操纵平衡机转轮驱动车轮旋转至规定转速，观察轮胎标记位置，读取不平衡量数值，停转车轮找平衡块加装位置，加装平衡块并复查，方法与静平衡相同。

（4）驱动轮平衡　与转向轮平衡操作时的主要区别如下：

1）顶起驱动车轮。

2）用发动机、传动系统驱动车轮，加速至50~70km/h的某一转速下稳定运转。

3）测试结束后，用汽车制动器使车轮停转。

4）其他方法与从动轮动、静平衡测试相同。

3. 平衡机注意事项

1）离车式车轮动平衡机的主轴固定装置和就车式车轮动平衡机的支架上都装有精密的位移传感器和易碎裂的压电晶体传感器，因此严禁冲击和敲打主轴或传感器支架。

2）在检修车轮动平衡机时，传感器的固定螺栓不得松动。因为这一螺栓不是一般的紧固件，需要由它向传感晶体提供必要的预紧力。当这一预紧力发生变化时，电算过程将完全失准。

3）车轮动平衡机的平衡重也称为配重，通常有卡夹式和粘贴式两种类型。卡夹式适用于轮辋有卷边的车轮。对于铝镁合金轮辋，因无卷边可夹，可使用粘贴式配重。粘贴式配重的外弯面有不干胶，粘贴于轮辋内各面。

4）必须明确，车轮动平衡机的机械系统和电算电路都是针对正常车轮使用条件下平衡失准或轻微受损但仍能使用的车轮而设计的，对因交通事故而严重变形的轮辋或胎面大面积剥离的车轮是不能上机进行平衡检测的。一方面不平衡量过大的车轮旋转时的离心力可能损伤车轮动平衡机的传感系统，另一方面超值的不平衡力可能溢出电算范围而使仪器自动拒绝工作。

5）当不平衡量超过最大配重时，可用两个以上配重并列使用。但这时要注意因多个配重占用较大的扇面会使其有效质量低于实际质量。

6）一般情况下，离车式车轮动平衡机或就车式车轮动平衡机都是分别各自使用的。但对高速行驶的汽车车轮而言，如果用离车式车轮动平衡机平衡后再装在车上行驶时，仍会出现不平衡现象。因此，使用离车式车轮动平衡机平衡车轮后，最好能再用就车式车轮动平衡机进行校对。

评价反馈

考核项目	评分标准	分值	小组互评（50%）	教师评价（50%）	小计
车轮不平衡的原因及危害	能叙述	10			
能确定车轮不平衡检测的时机	能判断	10			
离车式车轮动平衡机的组成及功用	能完整叙述	10			
会测量轮胎输入参数	会测量	10			
会通过控制面板输入参数数据	懂输入	10			

（续）

考 核 项 目	评分标准	分值	小组互评（50%）	教师评价（50%）	小计
根据动不平衡检测结果，能确定轮胎内外侧配重位置	会分析、会判断	10			
平衡块重量选择及正确粘贴	会操作、懂操作	10			
规范实训操作	是否规范	10			
活动参与	积极主动	5			
劳动纪律	严格遵守	5			
团队合作	是否和谐	5			
现场7S	是否进行	5			
总评：		100			
教师签名：				年　　月　　日	

任务二　汽车悬架性能检测

任务目标

1. 掌握悬架性能吸收率的概念及悬架性能检测国家标准；
2. 掌握共振式悬架试验台的组成及功用；
3. 能在指定工位上熟练完成悬架性能检测，并获取吸收率数值曲线；
4. 能对检测结果进行分析并找出故障原因，完成悬架减振器等部件的修理或更换。

 任务描述

神龙富康轿车在行驶20万km后，出现后悬架无弹性，制动时出现点头，加速时容易出现后部下挫的故障，经初步判断认为是后悬架失效，需要对悬架性能进行检测及修理。

 知识准备

一、汽车悬架性能重要性

汽车悬架装置是汽车的一个重要总成，它是将车身和车轴弹性连接的部件。汽车悬架装置通常由弹性元件、导向装置和减振器三部分组成，其功用是传力、缓和并迅速衰减车身与车桥之间因路面不平引起的冲击和振动，保证汽车具有良好的行驶平稳性、操纵稳定性、乘坐舒适性和行驶安全性。因此，汽车悬架装置的各部件品质和匹配后的性能对汽车行驶性能都有着重要的影响。当汽车运行中，若出现侧倾、制动跑偏和车身严重振动等现象时，应利用悬架试验台及时对悬架系统进行检测及修理。

二、悬架性能检测指标及技术标准

我国采用悬架试验台检测悬架性能时，常用评价指标为吸收率，记为 p。

悬架吸收率：在悬架试验台上受检车辆的车轮在受外界刺激振动下，共振时的最小动态车轮垂直载荷与车轮静止垂直载荷的百分比值。

$$p = \frac{F_{动}}{F_{静}} \times 100\% \qquad (6\text{-}1)$$

式中　$F_{动}$——最小动态车轮垂直载荷（N）；

　　　$F_{静}$——车轮静止垂直载荷（N）；

　　　p——悬架吸收率（%）。

GB 18565—2016《道路运输车辆综合性能要求和检验方法》中规定：设计车速不小于 100km/h，轴质量不大于 1500kg 的载客汽车，其轮胎在激励振动条件下测得的悬架吸收率 p 应不小于 40%，同轴左、右轮悬架吸收率之差不得大于 15%。

欧洲减振器制造协会（EUSAMA）推荐的评价车轮接地性指数的参考标准见表 6-2，可供我国检测悬架装置工作性能时参考。需要指出的是，表中的车轮接地性指数是在悬架试验台台面振幅为 6mm 测得的，这也是大部分悬架试验台使用的激振振幅。

表 6-2 中的参考标准，适用于大多数汽车，但非常轻的小汽车和微型车例外。这是因为这一类汽车的其中一个轴（一般为后轴）的两个车轮接地性指数非常低，而它们的悬架装置是正常的。

表 6-2　车轮接地性参考标准

车轮接地性指数①（%）	车轮接地状态	车轮接地性指数（%）	车轮接地状态
60~100	优	20~30	差
45~60	良	1~20	很差
30~45	一般	0	车轮与路面脱离

① 车轮接地性指数：汽车行驶中车轮与路面间最小法向作用力与其法向静载荷的比值，即代表了车轮与路面间的最小相对动载，用 $A\%$ 表示，在 0~100% 范围内变化。

三、汽车悬架性能检测方法及设备组成

汽车悬架装置工作性能的检测方法有人工经验法、按压车体法和试验台检测法三种类型。

1. 人工经验法

经验法是通过人工外观检视的方法，主要从外部检查悬架装置的弹簧是否有裂纹，弹簧和导向装置的联接螺栓是否松动，减振器是否漏油、缺油和损坏等项目，人工经验法检查示意图如图 6-7 所示。

2. 按压车体法

按压车体法既可以人工按压车体，也可以用试验台的动力按压车体。按压使车体上下运动，观察悬架装置减振器和各部件的工作情况，凭经验判断是否需要更换或修理减振器和其他部件。

▲ 图 6-7 人工经验法检查示意图

当采用试验台动力按压法时，支架在固定于地面的导轨上移动，固定在支架上的测量装置随支架在导轨上移动，使汽车保险杠处于推杆下，如图 6-8 所示。

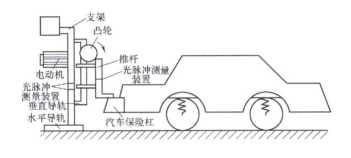

▲ 图 6-8 按压车体法试验台

检测原理：接通电动机，凸轮旋转，压下推杆，车身被压低，压缩量与汽车实际行驶时静态与动态载荷引起的压缩量之和一致。压缩到最低点时推杆松开，同时车身回弹并衰减振动。此时，光脉冲测量装置接通，得到相邻两个振动峰值，按指数衰减规律求得阻尼值并与标准相比较，评价减振器的工作性能。该方法的缺点：不能对同轴左右悬架独立评价。

3. 试验台检测法

试验台能快速检测、诊断悬架装置工作性能，并能进行定量分析。根据激振方式的不同，悬架试验台可分为跌落式和共振式两种类型。

（1）跌落式悬架试验台 跌落式悬架试验台由垫块与测量装置组成，如图 6-9 所示。测试时，先通过举升装置将汽车升起一定高度，然后突然松开支承机构或撤去垫块，车辆落下时产生自由振动，然后用测量装置测量车体振幅或用压力传感器测量车体对台面的冲击压力，对振幅或压力分析处理

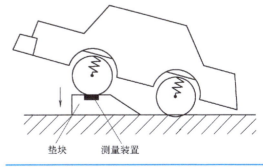

▲ 图 6-9 跌落式悬架试验台

后，评价汽车悬架的工作性能。

（2）共振式悬架试验台　共振式悬架试验台由蓄能飞轮、电动机、凸轮、台面、激振弹簧和测量装置（平台）等组成，如图6-10所示。

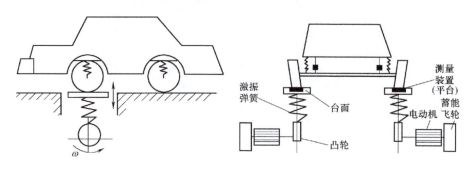

▲ 图6-10　共振式悬架试验台

共振式悬架试验台根据检测参数的不同，又分为测力式和测位移式两种类型。其中一个是测振动衰减过程中的力，另一个是测振动衰减过程中的位移量，它们具体结构如图6-11所示。由于共振式悬架试验台性能稳定、数据可靠，因此目前应用广泛。

共振式悬架试验台的工作原理如下：

1）先通过试验台中的电动机、偏心轮、蓄能飞轮和弹簧组成的激振器，迫使试验台平台及其上被检汽车悬架装置产生振动。

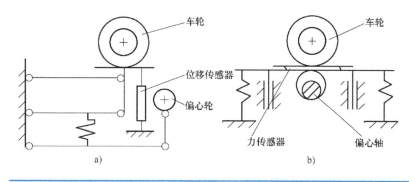

▲ 图6-11　测量装置的结构
a）测位移式　b）测力式

2）在开机数秒后断开电动机电源，由蓄能飞轮产生扫频激振。

3）电动机频率比悬架固有频率高，因此蓄能飞轮在逐渐降速的扫频激振过程总能扫到悬架系统固有振动频率，从而试验平台-悬架系统共振。

4）通过检测激振后振动衰减过程中的力或位移的振动曲线，求出悬架系统频率和衰减特性，便可判断悬架减振器的性能。

共振式悬架试验台能快速检测、诊断悬架装置的工作性能，并能进行定量分析，因此，许多汽车检测线都安装了共振式悬架试验台。现利用该设备对待检车辆悬架性能进

行检测，操作方法及流程见表6-3。

表6-3 悬架性能检测操作流程

一、检测前工位准备		
操作步骤	操作方法与流程	示　意　图
1. 试验台的准备	打开计算机电源开关，进入检测程序主界面；输入"牌照号码、牌照颜色、单位、厂牌型号、行驶里程、底盘号码"等被检车辆的基本信息，然后选择检测项目	
2. 被检汽车的准备	1）汽车轮胎规格、气压应符合规定值，车辆空载，不乘人 2）将车辆前轮驶上悬架试验台，使轮胎位于台面的中央位置，变速杆置于空档，拉起驻车制动器操纵杆，驾驶人离车	

二、检测方法及流程		
操作步骤	操作方法与流程	示　意　图
检测流程	1）单击"开始测试"，系统自动进行悬架性能测试 2）起动试验台后，使激振器迫使汽车悬架产生振动，使振动频率增加至超过振荡的共振频率 3）电动机转速稳定后切断电动机电源，振动频率逐渐降低，并将通过共振点 4）记录衰减振动曲线，纵坐标为动态轮荷，横坐标为时间，测量共振时动态轮荷。计算并显示动态轮荷与静态轮荷的百分比及其同轴左右轮百分比的差值	

三、检测结果记录与分析		
操作步骤	操作方法与流程	检测结论（合格否）
记录检测结果	<table><tr><td>评价指标</td><td>检测结果（%）</td></tr><tr><td>前左吸收率</td><td></td></tr><tr><td>前右吸收率</td><td></td></tr><tr><td>前轴左右轮差值</td><td></td></tr><tr><td>后左吸收率</td><td></td></tr><tr><td>后右吸收率</td><td></td></tr><tr><td>后轴左右轮差值</td><td></td></tr></table>	前左吸收率　□是　□否 前右吸收率　□是　□否 前轴左右轮差值　□是　□否 后左吸收率　□是　□否 后右吸收率　□是　□否 后轴左右轮差值　□是　□否

平板制动试验台简介

1. 平板制动试验台的组成及工作原理

平板制动试验台系统由测试平板、数据采集单元和数据处理单元等组成，如图 6-12 所示。测试平板共 6 块，其中"制动力悬架效率轴重"测试板共有 4 块、侧滑测试板 1 块、空板（前后两块板起过渡作用）1 块。

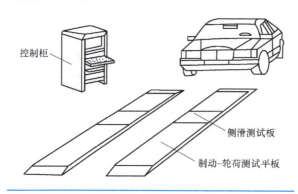

▲ 图 6-12 平板制动试验台系统的组成

每块"制动力悬架效率轴重"测试板下的两个力传感器，分别用来测试轮胎作用于平板的水平力和垂直力，如图 6-13 所示。检测时，当车辆以 5~10km/h 的速度驶上平板后，驾驶人迅速踩下制动踏板，使各车轮分别在 4 块"制动力悬架效率轴重"测试板上制动住，依靠汽车"制动点头"现象产生振动激力，当车身加速向下时，当车轮处负重增加；当车身加速向上时，车轮处负重减少。压力传感器测量被测车轮作用于测试平板上的垂直力，数据处理单元记录垂直力随时间的变化曲线，并进行处理和分析，获知汽车车身的振动情况，从而判断被测车轮悬架的技术状况。

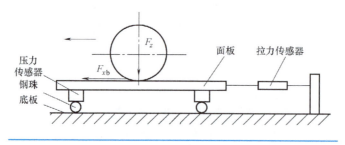

▲ 图 6-13 平板式制动试验台的结构

2. 平板式制动试验台检验方法

1) 检验员将车辆以 5~10km/h 的速度正直驶向平板，接近平板时置变速器于空档。
2) 当各被测车轮均驶上平板后，急踩制动，使车辆停住。
3) 测量制动时的动态轮荷，图 6-14a 与 b 记录前后轴动态轮荷的衰减曲线。
4) 计算并显示悬架效率和同轴左右轮悬架效率的差值。悬架效率计算可以按式 $\eta =$

$1-|(G_B-G_O)/(G_A-G_O)|$ 计算。

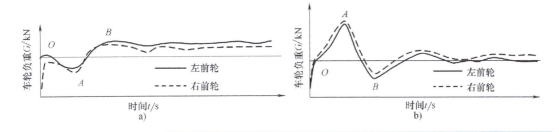

▲ 图 6-14 前后轴动态轮荷曲线

a) 前轴左右轮动态轮荷　b) 后轴左右轮动态轮荷

3. 检测标准

GB 18565—2016 规定，用平板制动试验台检测时，受检车辆制动时测得的悬架效率应不小于 45%，同轴左右轮悬架效率之差不得大于 20%。

评价反馈

考核项目	评分标准	分值	小组互评（50%）	教师评价（50%）	小计
悬架性能对车辆性能的影响	能叙述	10			
吸收率的概念，悬架性能参数国家标准	能完整叙述	10			
汽车悬架装置工作性能的检测方法	能叙述	10			
共振式悬架试验台的组成及功能	能完整叙述	10			
能在指定工位上熟练完成悬架性能检测	能熟练操作	10			
会读取检测结果并对结果进行判断	会读取、会判断	10			
能熟练更换减振器或悬架弹簧	懂操作、会操作	10			
规范实训操作	是否规范	10			
活动参与	积极主动	5			
劳动纪律	严格遵守	5			
团队合作	是否和谐	5			
现场 7S	是否进行	5			
总评：		100			
教师签名：				年　　月　　日	

练习与思考题

一、选择题

1. 用平板式制动试验台检测悬架特性时，驾驶人应将车辆以（　　）km/h 的速度驶上平板。

    A. 3～5　　　　　B. 10～20　　　　　C. 5～10

2. 用谐振式试验台检测悬架特性时，车辆应（　　）。

    A. 空载　　　　B. 满载　　　　C. 空载或满载都可以

3. 汽车悬架试验台主要用于测试汽车（　　）的性能。

    A. 弹性元件　　B. 减振器　　　C. 车架

4. 车辆悬架特性的"吸收率"，是指在检测过程中（　　）。

    A. 最小动态车轮垂直载荷与静态车轮垂直载荷的百分比值

    B. 最大动态车轮垂直载荷与静态车轮垂直载荷的百分比值

    C. 静态车轮垂直载荷与最大动态车轮垂直载荷的百分比值

5. 下列不属于汽车悬架试验台的主要结构是（　　）等类型。

    A. 跌落式　　　B. 平板式　　　C. 谐振式　　　D. 滚筒式

二、填空题

1. 车轮平衡机按测量方式可分为_____式车轮平衡机和_____式车轮平衡机两类。

2. 车轮平衡机的附加装置通常由_____、_____、_____、_____和安全护罩等组成。

3. 悬架试验台检测车辆悬架系统的吸收率应不小于_____，同轴左右轮吸收率之差不得大于_____。

4. 共振式悬架试验台由_____、_____、_____、_____和_____等组成。

三、简答题

1. 车轮不平衡的原因有哪些？
2. 车辆在什么情况下做动不平衡检测？
3. 简述车轮动不平衡检测操作流程。
4. 简述共振式悬架试验台的工作原理。
5. 共振式悬架试验台的操作流程是什么？

项目七
汽车前照灯和车速表检测

任务一　前照灯检测

1. 掌握汽车前照灯的检验指标及国家标准；
2. 掌握汽车前照灯检测仪的工作原理；
3. 能在指定工位上熟练完成前照灯性能检测；
4. 能读取检测结果，并根据检测结果找出故障原因，完成前照灯性能调整或更换。

 任务描述

汽车在行驶过程中常因振动使前照灯部件的安装位置发生变动，从而改变光束的正确方向。同时，灯泡在使用过程中也会逐步老化，反射镜也会受到污染而使其聚光性能变差，致使前照灯、信号灯亮度不足。这些变化都会给驾驶带来安全隐患，更严重者会引发交通事故。那么首先要进行汽车前照灯的检测。

 知识准备

当车前照灯的发光强度不足或者光束照射位置偏斜时，会造成夜间行车驾驶人视线不清，或使迎面来车的驾驶人眩目，极大地影响行车安全。所以，应定期对前照灯的发光强度和偏斜量进行检测、校正。前照灯的技术状况，可用屏幕法和前照灯检测仪检测，诊断的主要参数是发光强度和偏斜量。

一、前照灯的检验指标和配光特性认知

1. 汽车前照灯的检验指标

（1）发光强度　发光强度是光线在给定方向上发光强弱的度量，其单位为坎德拉，用符号 cd 表示。按国际标准单位 SI 的规定，若一光源在给定方向上发出频率 540×10^{12} Hz 的单色辐射，且在此方向上的辐射强度为每球面度 1/683 W，则此光源在该方向上的发光强度为 1cd。

照度表明受光物体被光源照明的程度，其单位为勒克斯，用符号 lx 表示。1.0lx 也等于 1.0cd 的点光源在半径为 1m 的球面上产生的光照度。在前照灯发光强度不变的情况下，被照物体离光源越远，被照明的程度越差，照度越小。若发光强度用 $I(\mathrm{cd})$ 表示，照度用 $E(\mathrm{lx})$ 表示，前照灯距被照物体的距离为 $S(\mathrm{m})$，则三者之间的关系为

$$E=\frac{I}{S^2} \qquad (7\text{-}1)$$

（2）光束照射方位的偏移值　如果把前照灯最亮的地方看作是光束的中心，则它对水平、垂直坐标轴交点的偏离，即表示它的照射方位的偏移，其偏移的尺寸就是光束照射方位的偏移值，也称为光轴的偏斜量。

2. 前照灯的配光特性

用等照度曲线表示的明亮度分布特征称为配光特性，也称为光形分布特性。前照灯的配光特性有对称配光和非对称配光两种。

（1）对称配光特性　好的配光特性要求等照度曲线的分布在垂直方向窄，在水平方向宽，且左右对称，不偏向一边，如图 7-1 所示。我国前照灯的远光灯采用对称配光特性。

（2）非对称配光特性　非对称配光特性是指前照灯光束在受照物体上产生等照度曲线不对称的一种光形分布。非对称配光特性的灯光投射到配光屏幕，会有一条明显的明暗截止线，常见的非对称配光方式有两种，如图 7-2 所示。我国前照灯的近光灯采用图 7-2b 所示的 Z 形配光形式。这种形式的明暗截止线，可以减弱前车后视镜被后车

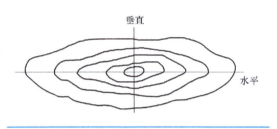

▲ 图 7-1　对称配光特性

灯光照射的程度，以避免前车驾驶人被后视镜反射的灯光所眩目。非对称配光的效果如图 7-3 所示。良好的前照灯配光特性可以使其远光具有良好的照明，近光具有足够的照明和不眩目。

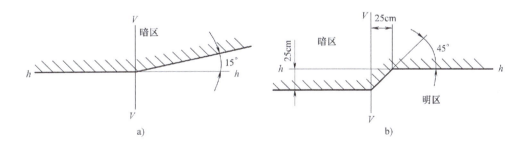

▲ 图 7-2　非对称配光特性

a）15°配光特性　b）45°配光特性

V-V—汽车纵向中心平面在屏幕上的投射线　h-h—汽车前照灯基准中心高度水平线

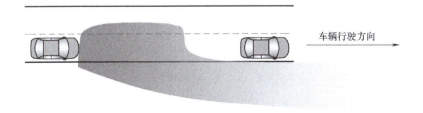

▲ 图 7-3　非对称配光的效果

二、前照灯的检测标准

根据 GB 7258—2017《机动车运行安全技术条件》的规定，对前照灯使用、发光强度、光束照射位置进行了规定。

1. 前照灯的基本要求

1）机动车装备的前照灯应有远、近光变换功能；当远光变为近光时，所有远光应能同时熄灭。同一辆机动车上的前照灯不应左、右的远、近光灯交叉开亮。

2）所有前照灯的近光均不应眩目，汽车（三轮汽车和装用单缸柴油机的低速货车除外）、摩托车装用的前照灯应分别符合 GB 4599—2007、GB 21259—2007、GB 25991—2010、GB 5948—1998 及 GB 19152—2016 的规定。安装有自适应前照明系统的，应符合 GB/T 30036—2013 的规定。

3）机动车前照灯光束照射位置在正常使用条件下应保持稳定。

4）汽车（三轮汽车，及设计和制造上能保证前照灯光束高度照射位置在规定的各种装载情况下均符合 GB 4785—2007 要求的汽车除外）应具有前照灯光束高度调整装置/功能，以方便地根据装载情况对光束照射位置进行调整；该调整装置如为手动的，应坐在驾驶座上就能被操作。

2. 远光光束发光强度要求

机动车每只前照灯的远光光束发光强度应达到表 7-1 的要求。测试时，电源系统应处于充电状态。

表 7-1　前照灯远光光束发光强度最小值要求　　　　　　　　（单位：cd）

机动车类型		检查项目					
		新注册车			在用车		
		一灯制	二灯制	四灯制[①]	一灯制	二灯制	四灯制[①]
三轮汽车		8000	6000	—	6000	5000	—
最大设计车速小于 70km/h 的汽车		—	10000	8000	—	8000	6000
其他汽车		—	18000	15000	—	15000	12000
普通摩托车		10000	8000	—	8000	6000	—
轻便摩托车		4000	3000	—	3000	2500	—
拖拉机运输机组	标定功率 >18kW	—	8000	—	—	6000	—
	标定功率 ≤18kW	6000[②]	6000	—	5000[②]	5000	—

① 四灯制是指前照灯具有四个远光光束；采用四灯制的机动车其中两只对称的灯达到两灯制的要求时视为合格。
② 允许手扶拖拉机运输机组只装用一只前照灯。

3. 光束照射位置要求

1）在空载车状态下，汽车、摩托车前照灯近光光束照射在距离 10m 的屏幕上，近光光束明暗截止线转角或中点的垂直方向位置，对近光光束透光面中心（基准中心，下同）

高度小于或等于 1000mm 的机动车，应不高于近光光束透光面中心所在水平面以下 50mm 的直线且不低于近光光束透光面中心所在水平面以下 300mm 的直线；对近光光束透光面中心高度大于 1000mm 的机动车，应不高于近光光束透光面中心所在水平面以下 100mm 的直线且不低于近光光束透光面中心所在水平面以下 350mm 的直线。除装用一只前照灯的三轮汽车和摩托车外，前照灯近光光束明暗截止线转角或中点的水平方向位置，与近光光束透光面中心所在垂直面相比，向左偏移应小于或等于 170mm，向右偏移应小于或等于 350mm。

2）在空载车状态下，轮式拖拉机运输机组前照灯近光光束照射在距离 10m 的屏幕上，近光光束中点的垂直位置应小于或等于 $0.7H$（H 为前照灯近光光束透光面中心的高度），水平位置向右偏移应小于或等于 350mm 且不应向左偏移。

3）在空载车状态下，对于能单独调整远光光束的汽车、摩托车前照灯，前照灯远光光束照射在距离 10m 的屏幕上，其发光强度最大点的垂直方向位置，应不高于远光光束透光面中心所在水平面（高度值为 H）以上 100mm 的直线且不低于远光光束透光面中心所在水平面以下 $0.2H$ 的直线。除装用一只前照灯的三轮汽车和摩托车外，前照灯远光发光强度最大点的水平位置，与远光光束透光面中心所在垂直面相比，左灯向左偏移应小于或等于 170mm 且向右偏移应小于或等于 350mm，右灯向左和向右偏移均应小于或等于 350mm。

三、汽车前照灯检测仪工作原理

各种类型前照灯检测仪的测量原理基本相同，都是采用能把吸收的光能变成电流的光电池作为传感器，按照前照灯主光轴照射光电池产生电流的大小和比例，来测量前照灯发光强度和光轴偏斜量的。前照灯检测仪上使用的光电池主要是硒光电池。

1. 硒光电池的工作原理

硒光电池的构成如图 7-4 所示，硒光电池受光照后，光使金属膜和非结晶硒的上下部产生电动势，上部带负电，下部带正电。在金属膜和铁底板上装上引出线后，再把它们用导线连接起来，光电流就可使电流表指针做相应的偏转。实现光与电转换，由指针偏转的大小判断前照灯的发光强度和光轴的方向。

2. 发光强度检测原理

通常，被照面上的照度可利用光电池的光生伏特效应检测。当被照面上装有光电池时，受光照后，其光照越强，照度越大，则光电池产生的电动势就越大。因此，测出其电动势就可得到被照面上的照度，实际上也就是测出了光源的发光强度。如图 7-5 所示，发光强度检测电路由光度计、光电池和可变电阻构成，当前照灯在规定距离处照射光电池时，光电池产生与受光强弱成正比的电流，使光度计的指针偏转，经标定后，其指针偏转的大小便可反映前照灯的发光强度。汽

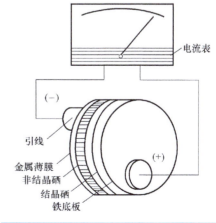

▲ 图 7-4 硒光电池的构成

车前照灯检测仪一般采用这一原理来检测前照灯的发光强度。

3. 光轴偏斜量的检验原理

汽车前照灯光轴偏斜量一般根据检测仪中四块性能完全相同的光电池的受光面不一致程度来检测。如图 7-6 所示，光轴检测电路中有四块光电池，在 $S_上$ 和 $S_下$ 之间接有上下偏移指示计，在 $S_左$ 和 $S_右$ 之间接有左右偏移指示计。

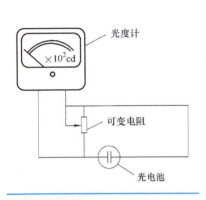

▲ 图 7-5 发光强度检测电路

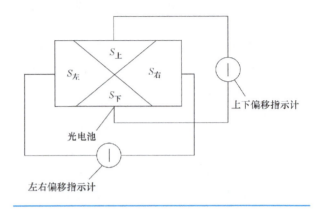

▲ 图 7-6 光轴偏斜量的检测原理

打开前照灯，四块光电池各自产生电流，根据 $S_上$ 和 $S_下$、$S_左$ 和 $S_右$ 电流的差值，使上下偏移指示计和左右偏移指示计动作。如果光电池属于无偏移受光情况，则上下偏移指示计和左右偏移指示计的指针均垂直向下，处于零位，如图 7-7a 所示。如果光轴偏离了中心位置，则偏移指示计的指针偏离零位，其偏移量反映了光轴偏斜量，如图 7-7b 所示。通过适当的调节机构，调整光线照射光电池的光照位置，可使偏移指示计的指针指向零位，那么，此调节量也就反映了光轴的偏斜量。

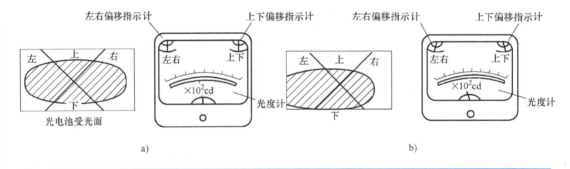

▲ 图 7-7 光轴偏斜量检测显示

a）光轴上下、左右无偏斜情况 b）光轴上下、左右有偏斜情况

四、汽车前照灯检测仪的类型及构造

前照灯检测仪都是由接收前照灯光束的受光器、使受光器与汽车前照灯对正的校准装置、前照灯发光强度指示装置、光轴偏斜方向和偏斜量指示装置以及支柱、底板、导轨、汽车摆正找准装置等组成的。根据测量距离和测量方法的不同，前照灯检测仪可分为以下几种：

1. 投影式前照灯检测仪

投影式前照灯检测仪如图 7-8 所示。它主要由光接收箱和行走机构两大部分组成。其中光接收箱由光强/灯中心表头、上下表头、上下刻度盘、左右刻度盘、屏幕、聚光透镜等组成；其余部件属于行走机构。

检测仪通过底座上的行走机构可在导轨上左右运动；光接收箱由两根立柱支承并导向，通过齿轮、齿条的传动作用，光接收箱可视需要沿立柱上下运动。在聚光透镜的上、下和左、右方向装有四个光电池。前照灯光束的影像通过聚光透镜、光度计的光电池和反射镜后，映射到投影屏上。在检测时，通过上下和左右移动受光器使光轴偏移指示计的指针指向零位，即上下与左右光电池的受光量相等，从而找到被测前照灯主光轴的方向。然后根据投影屏上前照灯光束影像的位置，即可得出主光轴的偏斜量，同时可从光度计的指示值得出发光强度。

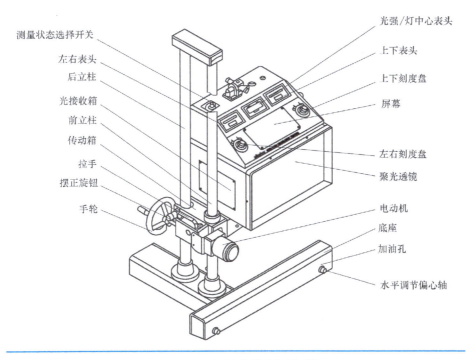

▲ 图 7-8 投影式前照灯检测仪

2. 自动追踪光轴式前照灯检测仪

自动追踪光轴式前照灯检测仪是利用光接收箱自动追踪光轴的方法来检测发光强度和光轴偏移量的。它主要由光接收箱、行走机构和自动追踪传动系统等部分组成，如图 7-9 所示。其中，光接收箱由在用显示器、光度计等组成，自动追踪传动系统由控制箱、控制盒等组成，导轨属于行走机构部件。行走机构可使检测仪通过底座下面装的轮子在导轨上左右运动。光接收箱在立柱的引导下，可由链条牵引做上下运动。在受光器聚光透镜的上下左右装有四个光电池，受光器内部也装有四个光电池，分别构成主、副受光器，透镜后中央部位装有中央光电池。

检测时，将检测仪放在前照灯前方 1m 的检测距离处。当前照灯光束照射到受光器上时，若前照灯光束照射方向偏斜，则主副受光器上下或左右光电池的受光量不等，它们分别产生的电流失去平衡，由其电流的差值控制受光器上下移动的电动机或控制箱左右移动的电动机运转，并通过钢丝绳牵动受光器上下移动或驱动控制箱在轨道上左右移动，直到受光器上下、左右光电池受光量相等为止，这就是所谓的自动追踪光轴。追踪时受光器的位移由光轴偏移指示计指示，发光强度由光度计指示。自动追踪光轴式前照灯检测仪的检测方法较简单、方便，其检测的自动化程度和检测效率高，也便于和其他检测设备连成汽车全自动检测线。

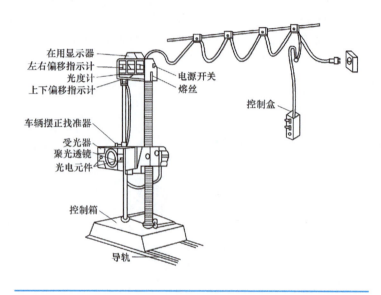

▲ 图 7-9 自动追踪光轴式前照灯检测仪

根据检测线工位布置情况，利用自动追踪光轴式前照灯检测仪，针对故障车辆进行灯光检测及调整，检测具体流程见表 7-2。

表 7-2 前照灯检测操作流程

一、检测前工位准备		
操作步骤	操作方法与流程	示 意 图
1. 试验台的准备	1）检查指示计是否对准机械零点。若指针失准，可用零点调整螺钉调整	

（续）

一、检测前工位准备		
操作步骤	操作方法与流程	示 意 图
1. 试验台的准备	2）检查聚光透镜和反射镜的镜面上有无污物。若有，可用柔软的布料或镜头纸擦拭干净	
	3）检查水准器的技术状况。若水准器无气泡，应进行修理或更换。若气泡不在红线框内时，可用水准器调节器或垫片进行调整	
	4）检查导轨是否沾有泥土等杂物。若有，应扫除干净	
2. 被检汽车的准备	1）清除前照灯上的污垢 2）轮胎气压应符合汽车制造厂的规定，否则影响车灯中心高度 3）汽车空载，在驾驶人座位乘坐一名驾驶人 4）汽车蓄电池应处于充足电状态，以保证能检测到正确的前照灯光照强度值	

（续）

操作步骤	操作方法与流程	示意图
检测流程	1）将被测车尽可能与检测仪的导轨保证垂直方向驶近检测仪,使前照灯与检测仪受光器相距1m	
	2）用汽车摆正找准器使检测仪与被测车对正 3）开亮前照灯,接通检测仪电源,用控制器上的上下、左右控制开关移动检测仪的位置,使前照灯光束照射到受光器上	
	4）按下控制器上的测量开关,受光器随即追踪前照灯光轴,根据光轴偏移指示计和光度计的指示值,即可得出光轴偏斜量和发光强度值。先检测左前照灯,远光强度检测值见右侧示意图 a,近光光轴偏斜量见示意图 b;再检测右前照灯,远光强度检测值见示意图 c,近光光轴偏斜量见示意图 d 5）检测结束,前照灯检测仪沿轨道或沿地面退回护栏内,汽车驶出	a) b) c) d)

二、检测方法及流程

(续)

三、检测结果记录与分析

操作步骤	操作方法与流程		检测结论（合格否）
记录检测结果	评价指标	数值记录	左前照灯远光光强度　□是　□否 左前照灯近光偏斜量　□是　□否 右前照灯远光光强度　□是　□否 右前照灯近光偏斜量　□是　□否
	左前照灯远光光强度/cd		
	左前照灯近光偏斜量		
	右前照灯远光光强度/cd		
	右前照灯近光偏斜量		

四、前照灯检验不合格的分析

操作步骤	操作方法与流程	示意图
1. 前照灯发光强度偏低	1）左右前照灯发光强度均偏低分析 ①检查前照灯反光镜的光泽是否明亮，如昏暗、镀层剥落或发黑应予更换 ②检查灯泡是否老化，质量是否符合要求，如老化或质量不符合要求，光度偏低者应更换 ③检查蓄电池端电压是否偏低，如端电压偏低，应先充足电再检测，仅靠蓄电池供电，前照灯发光强度一般很难达到标准的规定，检测时发电机应供电 2）左右前照灯发光强度不一致分析 检查发光强度偏低的前照灯的反射镜光泽是否灰暗，灯泡是否老化，质量是否符合要求，一般多为搭铁线路接触不良	
2. 前照灯光束照射位置偏斜	前照灯安装位置不当或因强烈振动而错位致使光束照射位置偏斜，应予以调整。前照灯光束照射位置偏斜的调整可在前照灯检测仪上进行	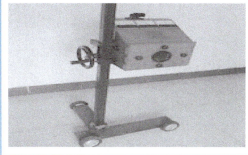

(续)

操作步骤	操作方法与流程	示意图
五、前照灯的调整		
前照灯的调整方法	将轮胎气压正常的空车,停放在平坦的场地上,在驾驶室内乘坐一名驾驶人或将60kg的重物放在驾驶人位置上,使车前部对准前照灯检测仪,按测试结果进行调整,见右图。接通灯光开关,调整其光束。调灯时以一只灯为标准调整,首先遮蔽其他前照灯,然后拧动上下左右光束调整螺钉,使主光束(光度最高点)处于规定高度。当前照灯上下左右调整时,必须拧入调整。若需拧松调节时,应完全拧松后拧入调整	 高低调节　水平调节

知识拓展

具有照程自动调节功能的前照灯调节方法

部分轿车装备有气体放电前照灯,在使用中,驾驶人不能通过手动调整来改变前照灯的照程,必须通过基本设定来完成调整。如果行驶中此自动调节装置发生故障,前照灯就停在此时的位置上,随后再起动车辆时,伺服电动机将其移动至最上点驾驶人就会知道调节装置发生故障。

基本设定:调整前照灯的调节螺栓之前,必须对前照灯照程调节装置基本设定,否则,会损坏前照灯壳体内的照程调节装置。

(1) 设定前应具备的条件

1) 前照灯玻璃完好和清洁。

2) 反光镜和灯泡正常。

3) 轮胎压力正常。

4) 车辆和前照灯检测仪已校准。

5) 前照灯倾斜度已调好,前照灯上部的护板上压印有倾斜度(%),应按此值调节前照灯,该值相当于 10m 照射距离,如倾斜度为 1.2% 则换算成 12m。

6) 放松驻车制动器,不要挂档。

7) 车上无驾驶人,不要移动车辆(包括车门开关、调整椅背和上下车)。

(2) 基本设定操作

1) 连接修车王或 5051 等产品,接通点火开关,选择"前照灯范围控制 55"屏幕显示功能选择界面。

2) 选择"基本设定 04"屏幕显示"输入显示组号"。

3) 按"00"和"1"键,按"确认"键,显示屏显示"请等待";显示屏显示运动调整位置,此过程持续 20s,接着显示"调节前照灯"。

4）进行前照灯调整，将新检测屏（不带 15°调整线）放于车前 10m 处，检查内容有：打开近光灯，检查水平的亮暗，是否在垂直方向通过中央点，检查光束是否在垂直的右侧。如果检查结果不符合要求，应进行调整，调整时要用十字螺钉旋具转动相应的滤花小轮。

5）调整后按"确认"，再次选择"系统基本调整"功能，按"确认"。

6）按"00"和"2"，按"确认"，屏幕显示"已学习调整位值"。

7）按"确认"，选择"查询故障存储值"功能，检查有无故障存储。

8）若无故障，退出，关闭点火开关，断开检测仪。

考核项目	评分标准	分值	小组互评（50%）	教师评价（50%）	小计
汽车前照灯配光特性	能叙述	10			
汽车前照灯的检验指标及国家标准	能完整叙述	10			
汽车前照灯检测仪的工作原理	能完整叙述	10			
常用汽车前照灯检测仪的类型及构造	能完整叙述	10			
能在指定工位上熟练完成前照灯性能检测	能熟练操作	10			
能根据检测结果，分析汽车前照灯故障原因	会判断、会分析	10			
能完成前照灯的调整或更换	懂操作、会操作	10			
规范实训操作	是否规范	10			
活动参与	积极主动	5			
劳动纪律	严格遵守	5			
团队合作	是否和谐	5			
现场 7S	是否进行	5			
总评：		100			

教师签名：＿＿＿＿＿＿＿＿＿＿＿＿＿＿＿＿＿＿＿＿＿＿＿＿＿年＿＿＿月＿＿＿日

任务二 车速表检测

1. 掌握车速表示值误差的形成原因；
2. 掌握汽车车速表示值误差的国家标准；
3. 掌握汽车车速表试验台的结构及工作原理；
4. 能在指定工位上熟练完成车速表检测，读取车速表车速与试验台指示车速；
5. 能根据检测结果计算并分析车速表示值误差，并能排除故障。

车速表是指用来指示汽车行驶速度的仪表。车速表长期使用后，其示值误差会越来越大。当车速表的示值误差太大时，不仅会使驾驶人在限速路段行驶时难以正确控制车速，而且极易使其错误地判断汽车的行驶情况，对行车安全与高效运用车辆非常不利。所以为了避免这种问题，保证行车安全，要对车速表进行定期检测。

一、车速表示值误差的形成与测量原理认知

随着汽车使用年限的增加，车速表的示值误差也会逐渐增大。造成车速表失准的原因主要有两个方面：一方面是车速表自身的问题，另一方面与轮胎的状况有关。

1. 车速表自身的原因

现代车速表通常与里程表做在一起，并由同一根轴驱动或使用同一传感器。传感器的形式主要有磁感应式和电子式两种。无论是磁感应式或电子式车速表，其主轴都是由与变速器相连的软轴驱动的。对于磁感应式车速表，车速表常与里程表做在一起，如图7-10所示。当主轴旋转时，与主轴固定连接的永久磁铁也一起旋转，其磁场会在铝罩上感应涡流，产生的涡流力矩能引起铝罩偏转并带动游丝和指针偏转，最后达到涡流力矩与游丝的弹性反力矩相平衡。车速越高，涡流力矩越大，指针偏转的角度也越大。对于电子式车速表来说，主轴的转动会引起传感器产生与主轴转速成正比的脉冲信号，经电子线路放大后，送到仪表引起指针偏转或给出数字指示。

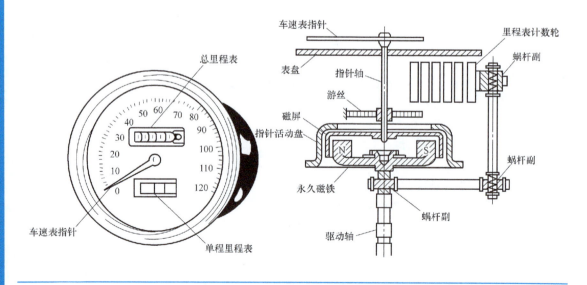

▲ 图7-10 磁感应式车速里程表的结构

随着汽车行驶里程的增加，车速表内带指针的活动转盘、带永久磁铁的转轴以及轴承、齿轮、游丝等机械零件和磁性元件在工作过程中不可避免地要产生磨损，永磁元件可能退磁老化，这些因素都会造成车速表示值误差增大。

2. 轮胎方面的原因

由车速表的工作原理可知，车速表的指示值与车轮的转速成正比，而汽车行驶的速度相当于驱动轮的线速度，显然线速度不仅与转动速度有关，还与车轮的半径有关。理论上，若驱动轮半径为 r，其转速为 n，则可以算出汽车行驶的线速度，即

$$v_{车} = 0.337 \frac{rn}{i_g i_0} \tag{7-2}$$

式中　$v_{车}$——汽车行驶速度（km/h）；
　　　r——车轮滚动半径（mm）；
　　　n——发动机的转速（r/min）；
　　　i_g——变速器传动比；
　　　i_0——主减速器传动比。

实际上，由于轮胎是一个充气的弹性体，因此汽车行驶时，轮胎在受到垂直载荷、车轮驱动力和地面阻力等作用下会发生弹性变形；另外，由于轮胎磨损、气压不符合标准（过高或不足）等原因也会影响车轮半径的变化。因此，即使在驱动轮转速不变（车速表的指示值也不变）的情况下，上述原因也会引起实际车速与车速表指示值不一致的现象。因此，为了行车安全，定期校验车速表是十分必要的。

二、车速表示值误差标准

国家标准 GB 18565—2016《道路运输车辆综合性能要求和检验方法》中规定：车速表示值误差（最高设计车速不大于 40km/h 的机动车除外），车速表指示车速 v_1（km/h）与实际车速 v_2（km/h）间应符合式（7-3）：

$$0 \leq v_1 - v_2 \leq \frac{v_2}{10} + 4 \tag{7-3}$$

即当将被测机动车车速表的指示车速 v_1 为 40km/h 时，车速表试验台速度指示仪表的指示值 v_2 为 32.8~40km/h 范围内为合格。或当车速表试验台速度指示仪表的指示值 v_2 为 40km/h 时，读取该机动车车速表指示值 v_1 在 40~48km/h 范围内为合格。

三、汽车车速表试验台

1. 车速表试验台的结构

车速表试验台按有无驱动装置可分为标准型与驱动型两种。若将具有车速表检测功能的各种试验台也归入其中，则还包括综合型车速表试验台。

（1）标准型车速表试验台　标准型车速表试验台是指本身不带驱动装置而依赖被测汽车驱动轮来进行驱动的车速表试验台。它主要由滚筒、举升器、测速装置、显示装置及辅助部分等组成，如图 7-11 所示。

1）滚筒。试验台左右各有两根滚筒，用于支承汽车的驱动轮。在测试过程中，为防

止汽车的差速器起作用而造成左右驱动轮转速不等,前面的两根滚筒是用万向节连在一起的。滚筒多为钢制,表面有防滑材料,直径多在175~370mm范围内,为了标定时换算方便,直径多为176.8mm,这样滚筒转速为1200r/min时,正好对应滚筒表面的线速度为40km/h。

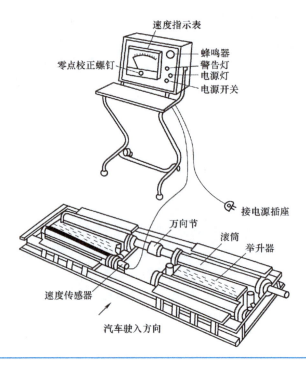

▲ 图7-11 标准型车速表试验台

2)举升器。举升器置于前后两根滚筒之间,多为气动装置,也有液压驱动和电动机驱动的。测试时,举升器处于下方,以便由滚筒支承车轮。测试前,举升器处于上方,以便汽车驶上试验台。测试后,靠气压(或液压、电动机)升起举升器,顶起车轮,以便汽车驶离试验台。

3)测速装置。测速装置即测量转速的传感器,其作用是测量滚筒的转动速度。通过转速传感器可以将滚筒的速度转变成电信号(模拟信号或脉冲信号),再送到显示仪表。常用的转速传感器有测速发电机式、光电编码器式和霍尔元件式等。

4)显示装置。目前多用智能型数字显示仪表,也就是一个单片机系统,来自传感器的信号经放大、A-D转换或经滤波整形后进入单片机进行处理,再输出显示测量结果。在全自动检测线上,也有直接把速度传感器信号接到工位机(或主控机)上直接进行处理的。

5)辅助部分。

① 安全装置。车速表试验台滚筒两侧设有挡轮,以免检测时车轮左右滑移损坏轮胎或设备。

② 滚筒抱死装置。当汽车测试完毕出车时,如果只依靠举升器,可能造成车轮在前滚筒上打滑。为了防止打滑,增加了滚筒抱死装置,与举升器同步,举升器升起的同时,抱死滚筒,举升器下降时放开。

③ 举升保护装置。车辆在速度试验台上运转时，举升器突然上升会导致严重的安全事故，因而车速表试验台设有举升器保护装置（软件或硬件保护），以确保滚筒转速低于设定值（如 5km/h）后才允许举升器上升。

（2）驱动型车速表试验台　驱动型车速表试验台如图 7-12 所示，它的结构基本上与标准型车速表试验台相同，不同的是在滚筒的一端装有电动机，用以驱动滚筒，再带动汽车从动轮旋转。多数汽车的车速表转速信号取自变速器或分动器的输出轴，但对于后置发动机的汽车，由于驱动车速表的软轴过长会出现传动精度和寿命等方面的问题，因此转速信号取自前轮。驱动型车速表试验台就是为了适应后置发动机汽车的试验而制造的，这种试验台在滚筒与电动机之间装有离合器，若试验时将离合器分离，又可作为标准型车速表试验台使用。

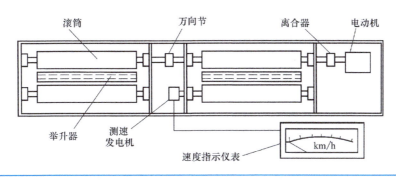

▲ 图 7-12　驱动型车速表试验台

（3）综合型车速表试验台　综合型车速表试验台通常是一个多功能试验台，其车速表检测往往是一个附加功能而不是主要功能，如汽车底盘测功机、汽车惯性滚筒式制动试验台等，它们都有测速功能，因此可以很容易地检测汽车车速表。

2. 车速表试验台的检测原理

车速表试验台的检测原理如图 7-13 所示。检测时，通常将汽车驱动轮置于滚筒上，车轮借助于摩擦力带动滚筒旋转。旋转的滚筒相当于连续移动的路面，以驱动轮在该滚筒上旋转来模拟汽车在路面上行驶时的实际状态，利用车速表试验台测出的车速与车速表上显示的车速进行对比，从而检测车速表的示值误差。

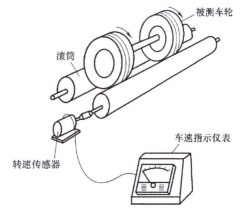

▲ 图 7-13　车速表试验台的检测原理

试验时，将汽车驱动轮置于滚筒上，由发动机经传动系统驱动车轮旋转，车轮借助于轮胎的摩擦力带动滚筒转动。滚筒端部装有测速发电机（即速度传感器），测速发电机的转速随滚筒转速的升高而增大，而滚筒的转速与车速成正比，因此测速发电机发出的电压也与车速成正比。滚筒的线速度、圆周长与转速之间的关系为

$$v_{实际} = 60Ln \times 10^{-6} \tag{7-4}$$

式中 $v_{实际}$——滚筒的线速度（km/h）；

L——滚筒的圆周长（mm）；

n——滚筒的转速（r/min）。

因车轮的线速度与滚筒的线速度相等，故上述的计算值即为汽车的实际车速值，该值在试验时由试验台上的速度指示仪表显示。车轮在滚筒上转动的同时，车速表的软轴也由变速器输出轴带动旋转，并在车速表上显示车速值，即车速表指示值。将上述试验台速度指示仪表上显示的实际车速值与车速表上显示的车速指示值相比较，即可得出车速表的示值误差。

任务实施

根据检测线工位布置情况，选择车速表检测仪所在的工位，针对故障车辆进行车速示值误差的检测，具体流程见表 7-3。

表 7-3 汽车车速表检测操作

一、检测前工位准备		
操作步骤	操作方法与流程	示意图
1. 试验台的准备	1）在滚筒处于静止状态时检查指示仪表是否在零点上，否则应调零 2）检查滚筒上是否沾有油、水、泥或沙等杂物，应清除干净 3）检查举升器的升降动作是否自如。若动作阻滞或有漏气部位，应予修理 4）检查导线的连接接触情况，若有接触不良或断路，应予修理或更换	举升器自动升降检测
2. 被检汽车的准备	1）确保轮胎气压符合汽车制造厂的规定，以免引起检测误差 2）确保轮胎花纹沟槽内无任何杂物，如小石子等，以免检测时杂物飞出伤人；轮胎应不粘有水、油等，以免检测时车轮打滑	

(续)

操作步骤	操作方法与流程	示意图
检测流程	1）接通车速表试验台电源，升起滚筒间的举升器 2）将被检车辆与滚筒垂直地驶入车速表试验台，使具有车速表输入信号的车轮停于两滚筒之间 3）降下滚筒间的举升器，让轮胎与举升器托板完全脱离，使车轮稳定地支承在滚筒上 4）用挡块抵住位于车速表试验台滚筒之外的一对车轮，以防检测时汽车驶出试验台发生意外事故 5）起动汽车，缓慢加速，当车速表指示40km/h时，维持3~5s测取实际车速，按下申报键B，可从车速表检测仪读取实际车速 6）当检测结束时，对于标准型车速表试验台，减速停车，轻踩制动踏板，使滚筒停止转动。对于驱动型车速表试验台，应先将试验台离合器分离或切断电动机电源，然后再踩制动踏板 7）升起举升器，去掉挡块，汽车驶离试验台 8）切断试验台电源	   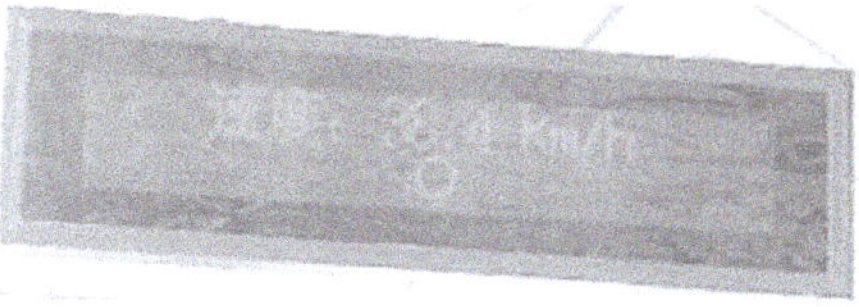

三、检测结果记录与分析

操作步骤	检测结果		检测结论（合格否）
记录检测结果	评价指标	数值记录	□是　　□否
	车速表车速		
	试验台速度		

（续）

	四、车速示值误差过大的分析	
操作步骤	操作方法与流程	示意图
1. 检查车速表机件	车速表内有转动的活动盘、转轴、轴承、齿轮、游丝等零件和磁性元件，这些机件在工作过程中产生磨损和性能变化会造成车速表的示值误差	
2. 检查轮胎磨损情况	汽车轮胎在使用过程中其半径会由于磨损而逐渐减小，在变速器输出轴转速不变的条件下，汽车行驶速度因轮胎半径的变化而变化。而车速表的软轴与变速器输出轴相连，因此车速表指示值与实际车速形成示值误差	

 知识拓展

车速表试验台常见电气故障及诊断方法

车速表试验台易产生故障，下面分析常见故障及故障原因，及处理方法，见表7-4。

表7-4 车速表试验台常见电气故障及处理方法

故障	故障分析	处理方法
1. 速度无信号	1）供电电源损坏 2）速度传感器接线中断 3）速度传感器损坏	1）测量传感器供电电源无12V电压，更换电源 2）断开电源测量试验台与仪表连接线短路或不通，更换连接线 3）测量车速表试验台内接线端子排线号312与510之间无0、12V输出（转动滚筒改变传感器状态），更换传感器
2. 气缸不动作	1）无气压 2）无电压 3）电磁铁损坏 4）电磁阀损坏	1）查看油水分离器上气压表，若无气压（正常气压范围为0.2~0.7MPa），调整空气压缩机输出的压力，给油水分离器充气压 2）测量车速表试验台内接线端子排线号124与126之间没有AC220V电压，测试连接线是否导通，控制开关是否损坏，维修更换连线、开关 3）测量电磁铁接线柱是否有220V电压，断开电源，测量电磁铁线圈电阻是否超过10kΩ，否则更换电磁铁 4）断开电源，操作电磁阀手动按钮，电磁阀不动作，更换电磁阀

(续)

故　　障	故　障　分　析	处　理　方　法
3. 举升器上升或下降缓慢	1)气压不够 2)压缩空气管路损坏 3)气缸密封环损坏漏气 4)电磁阀漏气 5)举升器左、右不同步	1)调整空气压缩机输出的压力达到0.8MPa，调整油水分离器气压到0.6MPa 2)通过观察维修损坏的管路和接头 3)把0.6MPa气压不通过电磁阀直接加到气缸的上升气孔(下降气孔)，下降气孔(上升气孔)漏气，更换气缸密封环 4)电磁阀机体漏气，更换电磁阀 5)调节安装在左、右气缸进气管上的节流阀，使左、右同步(气缸不漏气)
4. 更换速度传感器后无信号	1)传感器接线不正确 2)传感器工作接近距离不正确	1)传感器线芯颜色连接电源： 红黑—+12V　白黑—信号　黑—0 2)传感器头距齿轮凸齿间隙2~3mm
5. 更换电磁阀后控制举升时下降与上升相反	上升与下降气路接反	在电磁阀上调换上升与下降气管

评价反馈

考核项目	评分标准	分值	小组互评（50%）	教师评价（50%）	小计
车速表示值误差的形成原因	能叙述	10			
车速表示值误差的国家标准	能叙述	10			
车速表试验台的组成	能完整叙述	10			
车速表试验台的检测原理	能完整叙述	10			
能熟练操作车速表试验台	能熟练操作	10			
会读取检验结果，并计算车速表示值误差	会读取、会计算	10			
分析车速表示值误差的原因，并排除故障	会分析	10			
规范实训操作	是否规范	10			
活动参与	积极主动	5			
劳动纪律	严格遵守	5			
团队合作	是否和谐	5			
现场7S	是否进行	5			
总评		100			
教师签名：＿＿＿＿＿＿＿＿				＿＿年＿＿月＿＿日	

【练习与思考题】

一、选择题

1. 2017 年出厂的新型轿车,两灯制前照灯发光强度为( )。
   A. 8000cd　　B. 10000cd　　C. 15000cd　　D. 18000cd

2. 车速表检测根据 GB 18565—2016 的规定,车速表指示车速 v_1 与实际车速 v_2 之间应符合的关系是( )。
   A. $0 \leqslant v_1 - v_2 \leqslant (v_1/10) + 4$　　　B. $0 \leqslant v_2 - v_1 \leqslant (v_2/10) + 4$
   C. $0 \leqslant v_1 - v_2 \leqslant (v_2/10) + 4$　　　D. $0 \leqslant v_2 - v_1 \leqslant (v_1/10) + 4$

3. 依据 JJG 909—2009《滚筒式车速表检验台检定规程》,车速表示值误差为( )。
   A. ±4.0%　　B. ±2.0%　　C. ±5.0%　　D. ±3.0%

二、填空题

1. 汽车前照灯的检验指标为_____和_____。
2. 根据测量距离和测量方法的不同,常用汽车前照灯检测仪可分为_____和_____两种类型。
3. 当被测机动车车速表的指示车速为 40km/h 时,车速表试验台速度指示仪表的指示值为_____km/h 范围内为合格。
4. 汽车车速表试验台包括_____、_____、_____、_____及_____五部分。

三、简答题

1. 简述用屏幕法检测前照灯光束步骤。
2. 如何使用前照灯检测仪检测前照灯的发光强度和光束照射位置?
3. 简述汽车车速表校验的意义。
4. 简述车速表示值误差的检测原理和检测方法。
5. 汽车车速表示值误差形成的主要原因有哪些?如何确定车速表示值误差?
6. 当车轮轮胎磨损后,车速表指示的数值将偏快还是偏慢?为什么?

项目八
汽车综合性能检测

任务一　汽车排放检测

1. 掌握汽车排放污染物的形成机理及危害；
2. 掌握汽车排放国家最新标准；
3. 掌握废气分析仪、烟度计的组成及工作原理；
4. 能在指定工位上熟练完成汽油机和柴油机排放污染物的检测；
5. 能根据检测结果，对排放不合格的车辆进行维修调整。

任务描述

某货车已行驶 10 万 km，车辆年审不合格，主要是尾气排放不合格。那么，必须要进行汽车排放检测。

知识准备

一、汽车排放物成分及危害

汽车排放物指汽车排气管排放的气态污染物和颗粒物总和。气态污染物主要包括一氧化碳（CO）、氮氧化物（NO_x）和碳氢化合物（THC 和 NMHC）。

氮氧化物（NO_x）以二氧化氮（NO_2）当量表示。

碳氢化合物（THC 和 NMHC）假定碳氢比：汽油为 $C_1H_{1.85}$、柴油为 $C_1H_{1.86}$、液化石油气（LPG）为 $C_1H_{2.525}$、天然气（NG）为 CH_4。

固态污染物主要包括炭烟颗粒。对炭烟颗粒进行检测主要有两种方法：颗粒物质量（PM）排放测量方法、粒子数量（PN）排放测量方法。

以上这些污染物主要危害是：

（1）CO 危害　CO 是燃料不完全燃烧的产物，是汽车尾气中浓度最大的有害成分，是一种无色无味的有毒气体，它与血红蛋白的亲和力是氧的 300 倍。它进入人体后极易与血液中担负输运氧气的血红蛋白结合，妨碍血红蛋白的输氧能力，造成人体各部分缺氧，引起头痛、头晕、呕吐等中毒症状，严重时甚至死亡。

（2）碳氢化合物（THC 和 NMHC）危害　碳氢化合物是发动机未燃尽的燃料分解出来的产物。当碳氢化合物浓度较高时，使人出现头晕、恶心等中毒症状。而且，碳氢化合物和 NO_x 在强烈的太阳光作用下，能反应生成一种有害的光化学烟雾，这种光化学烟雾滞留在大气中，造成大气严重污染。当超过一定浓度时，具有明显的刺激性。它能刺激眼结膜，引起流泪并导致红眼症，能引起急性喘息症。光化学烟雾还具有损害植物、降低大气能见度、损害橡胶制品等危害。

（3）NO_x 危害　NO_x 是汽油机和柴油机排放的主要污染物，是发动机大负荷工作时进气中的 N_2 与 O_2 在高温高压条件下反应而生成的。NO_x 进入人体肺泡后能形成亚硝酸和硝酸，对肺组织产生强力的刺激作用。亚硝酸盐则能与人体中的血红蛋白结合，形成变性血红蛋白，可在一定程度上导致缺氧。

（4）炭烟颗粒危害　炭烟以柴油机排放量最多，它是柴油机燃烧不完全的产物，其内含有大量的黑色炭颗粒。炭烟能影响道路的能见度，并因含有少量的带有特殊臭味的乙醛，往往引起人们恶心和头晕。

二、汽车排放国家标准

1. 我国机动车排放标准的实施状况

我国机动车排放标准经历了五个阶段，轻型汽车各个时段排放标准情况如图 8-1 所示。未来，在 2020 年 7 月 1 日，将阶段性实施国六排放标准，其法规文件为 GB 18352.6—2016《轻型汽车污染物排放限值及测量方法（中国第六阶段）》。

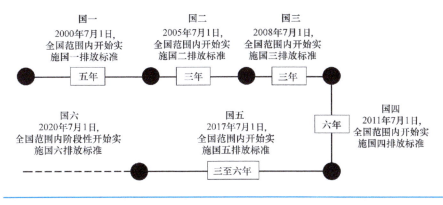

▲ 图 8-1　我国轻型汽车排放标准的实施状况

目前阶段，全国范围内已全面实施国五排放标准，法规文件为 GB 18352.5—2013《轻型汽车污染物排放限值及测量方法（中国第五阶段）》。该标准在全面实施前，各地区具体开始实施时间阶段也不同，详情见表 8-1。

表 8-1　国五排放实施时刻表

实施时间阶段		车辆类型	区域范围
2016 年	4 月 1 日	所有进口、销售和注册登记的轻型汽油车、轻型柴油客车、重型柴油车（仅包括公交、环卫、邮政用途车）	东部 11 省（市），包括北京市、天津市、河北省、辽宁省、上海市、江苏省、浙江省、福建省、山东省、广东省和海南省
2017 年	1 月 1 日		全国
	7 月 1 日	所有制造、进口、销售和注册登记的轻型汽油车、重型柴油车（包括客车和公交、环卫、邮政用途车）	
2018 年	1 月 1 日	所有制造、进口、销售和注册登记的轻型柴油车	

2. 国五排放限值标准

（1）国五排放标准使用范围　国五排放标准即 GB 18352.5—2013《轻型汽车污染物排放限值及测量方法（中国第五阶段）》。该标准主要适应的车辆类型为：最大总质量不超过 3500kg 的 M_1 类、M_2 类和 N_1 类轻型汽车；在制造厂的要求下，最大总质量超过 3500kg 但基准质量不超过 2610kg 的 M_1 类、M_2 类和 N_2 类可按本标准进行型式核准；对已获得本标准型式核准的车型，在满足相应要求时可扩展至基准质量不超过 2840kg 的 M_1 类、M_2 类、N_1 和 N_2 类汽车。

根据 GB/T 15089—2016《机动车辆及挂车分类》，对 M_1 类、M_2 类、N_1 和 N_2 类汽车进行规定。

M_1 类车指包括驾驶人座位在内，座位数不超过九座的载客汽车。

M_2 类车指包括驾驶人座位在内座位数超过九座，且最大设计质量不超过 5000kg 的载客汽车。

N_1 类车指最大设计质量不超过 3500kg 的载货汽车。

N_2 类车指最大设计质量超过 3500kg，但不超过 12000kg 的载货汽车。

（2）型式核准试验项目　GB 18352.5—2013《轻型汽车污染物排放限值及测量方法（中国第五阶段）》规定了对排放污染物检测的六种试验方法：Ⅰ型试验、Ⅱ型试验、Ⅲ型试验、Ⅳ型试验、Ⅴ型试验、Ⅵ型试验。

Ⅰ型试验：指常温下冷起动后排气污染物排放试验。

Ⅱ型试验：对装点燃式发动机的轻型汽车，指测定双怠速的 CO、THC 和高怠速的过量空气系数。

Ⅲ型试验：指曲轴箱污染物排放试验。

Ⅳ型试验：指蒸发污染物排放试验。

Ⅴ型试验：指污染控制装置耐久性试验。

Ⅵ型试验：指低温下冷起动后排气中 CO、THC 排放试验。

不同类型汽车在型式核准时要求进行的试验项目不同，见表 8-2。

表 8-2　汽车型式核准试验项目

型式核准试验类型	装点燃式发动机的轻型汽车（包括 HEV）			装压燃式发动机的轻型汽车（包括 HEV）
	汽油车	两用燃料车	单一气体燃料车	
Ⅰ型-气态污染物	进行	进行（试验两种燃料）	进行	进行
Ⅰ型-颗粒物质量[①]	进行	进行（只试验汽油）	不进行	进行
Ⅰ型-粒子数量	不进行	不进行	不进行	进行
Ⅱ型-双怠速	进行	进行（试验两种燃料）	进行	不进行
Ⅱ型-自由加速烟度	不进行	不进行	不进行	进行
Ⅲ型	进行	进行（只试验汽油）	进行	不进行
Ⅳ型[②]	进行	进行（只试验汽油）	不进行	不进行
Ⅴ型[③]	进行	进行（只试验汽油）	进行	进行
Ⅵ型	进行	进行（只试验汽油）	进行	不进行[③]
OBD 系统	进行	进行	进行	进行

① 对于装点燃式发动机的轻型汽车，颗粒物质量测量仅适用于装缸内直喷发动机的汽车。

② Ⅳ型试验前，应该要求对碳罐进行检测。

③ Ⅴ型试验前，应该要求对催化转化器进行检测。

（3）国五排放限值　国五排放标准中根据Ⅰ型试验进行检测，记录污染物排放结果。试验应重复三次，每次试验求得排放污染物的量，应小于表8-3规定的排放物的限值。

表8-3　国五排放限值规定（Ⅰ型试验排放限值）

类别	级别	基准质量(RM)/kg	限值											
			CO		THC		NMHC		NO_x		$THC+NO_x$		PM		PN
			L_1/(g/km)		L_2/(g/km)		L_3/(g/km)		L_4/(g/km)		(L_2+L_4)/(g/km)		L_5/(g/km)		L_6/(个/km)
			PI	CI	PI	CI	PI	CI	PI	CI	PI	CI	PI[①]	CI	PI	CI
第一类车	—	全部	1.00	0.50	0.100	—	0.068	—	0.060	0.180	—	0.230	0.0045	0.0045	6.0×10^{11}	—
第二类车	Ⅰ	RM≤1305	1.00	0.50	0.100	—	0.068	—	0.060	0.180	—	0.230	0.0045	0.0045	6.0×10^{11}	—
	Ⅱ	1305<RM≤1760	1.81	0.63	0.130	—	0.090	—	0.075	0.235	—	0.295	0.0045	0.0045	6.0×10^{11}	—
	Ⅲ	1760<RM	2.27	0.74	0.160	—	0.108	—	0.082	0.280	—	0.350	0.0045	0.0045	6.0×10^{11}	—

注：PI=点燃式，CI=压燃式。
① 仅适用于装缸内直喷发动机的汽车。

（4）检验结果鉴定

1）对于每种污染物，只要三次试验结果的算术平均值小于规定的限值，三次试验结果中允许有一次的值超过限值，但不得超过该限值的1.1倍。即使有一种以上的污染物超过规定限值，不管是发生在同一次试验中，还是发生在不同次的试验中都是允许的。

2）如果符合下面的条件，上面规定的试验次数可减少。其中V_1是第一次试验结果，V_2是第二次试验结果。

① 如果得到的每种污染物或两种污染物排放量的和，不大于0.70L（即V<0.70L），则只进行一次试验。

② 如果不满足①的要求，但每种污染物或两种污染物排放量的和满足以下要求，则只需进行两次试验：V_1≤0.85L，V_1+V_2≤1.70L 和 V_2≤L，其中，$L=L_1+L_2+L_3+L_4+L_5$。

三、汽油机排放污染物检测设备及工作原理

1. NDIR分析仪检测原理

NDIR是不分光红外线（Non-Dispersive Infra-Red）的简称，利用NDIR原理制造的排气成分分析仪称为不分光红外分析仪，如图8-2所示。

NDIR分析仪检测原理分析：汽车排放物中的CO、

▲ 图8-2　汽车NDIR排气分析仪

HC、NO 和 CO_2 等气体，都分别具有能吸收一定波长范围红外线的性质，如图 8-3 所示。而且，红外线被吸收的程度与排气浓度之间有一定的关系。不分光红外线分析法就是利用这一原理，即根据检测 HC、CO 和 CO_2 等有害气体对不同频率的红外光有不同的吸收率的特点来测出汽油机怠速工况所排出废气中上述三种

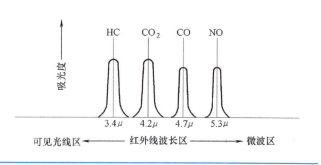

▲ 图 8-3 不同排放物波长

有害气体的浓度。且在各种气体混在一起的情况下，这种检测方法具有测量值不受影响的特点。

2. NDIR 分析仪构成

由图 8-4 可见，NDIR 分析仪由外部看主要由检测仪、取样管、前置滤清器和采样探头等组成。废气在分析仪内的流动路线及分析仪内部组成件如图 8-5 所示。

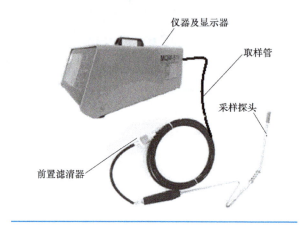

▲ 图 8-4 NDIR 分析仪的组成

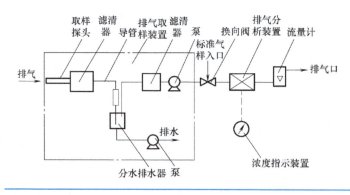

▲ 图 8-5 废气在分析仪内的流动路线及分析仪内部组成件

（1）排气取样装置　排气取样装置由取样探头、滤清器、导管、分水排水器和泵等组成。

(2) 排气分析装置 排气分析装置由红外线光源、气样室、截光器和传感器等组成。

(3) 含量指示装置 综合式气体分析仪的含量指示装置主要由 CO、CO_2、HC、NO_x 等指示装置组成,有指针仪表和数字显示器两种类型。

(4) 校准装置 为了保持分析仪的指示精度,使之能准确指示测量值,在分析仪中设置了校准装置。

3. 汽油机排放污染物检测方法

汽油车常用的尾气检测方法主要有:单怠速工况法、双怠速工况法、稳态工况检测法和简易瞬态工况法。

(1) 单怠速工况法

1) 发动机由怠速工况加速至 0.7 倍的额定转速,维持 60s 后降至怠速状态。

2) 把指示仪表的读数转换开关置于最高量程档位。

3) 将取样探头插入汽车排气管中,深度为 400mm,并固定在排气管。

4) 一边观看指示仪表,一边用读数转换开关选择适用于所测废气浓度的量程档位。发动机在怠速状态维持 15s 后开始读数,读取 30s 内的最高值和最低值,取其平均值为测量结果。若为多排气管,取各排气管测量结果的均值。

5) 检测结束后,把取样探头从排气管里取出,吸入新鲜空气 5min,自动回零后再断电。

(2) 双怠速工况法

1) 安装接入发动机转速信号、冷却液温度信号。

2) 发动机由怠速加速到 0.7 倍额定转速维持 60s 后,降至高怠速(即 0.5 倍额定转速)。

3) 在高怠速状态维持 15s,开始采样,读取 30s 内的最高值和最低值,取平均值。

4) 从高怠速降至低怠速,维持 15s 后读取 30s 内的最高值和最低值,取平均值。

(3) 加速模拟工况法(ASM) 上述两种方法检测时发动机没有负载,不能反映汽车实际运行的排放特性。加速模拟工况法就是将车辆置于底盘测功机上,进行模拟加载加速过程,检测排放污染的方法。加速模拟工况法所测工况涵盖了汽车的中速、高速、有负荷的稳定工况、低速加速和高速加速的非稳定工况,十分贴近汽车的实际运行状态。

(4) 简易瞬态工况法 简易瞬态工况法可以准确模拟车辆道路行驶的各种实际情况,具有较高的识别率,并且能够测量出汽车排放污染物的质量,很好地反映了汽车排放的实际情况,与瞬态工况法相比,其检测效率较高,检测费用和设备费用都较低,适合我国实际国情,有利于在我国汽车检测中全面推广使用。简易瞬态工况法就是将车辆置于底盘测功机上,车辆按规定车速在底盘测功机上"行驶",驱动轮带动滚筒转动,滚筒并非处于自身无阻力的可旋转状态,底盘测功机会按照检测标准事先设定向滚筒,最终向驱动轮施加一定的负荷,来模拟汽车道路行驶阻力,车辆按一定的速度,克服一定的阻力,跑完试验工况,同时测量尾气中污染物含量。

四、柴油机排放污染物检测设备及工作原理

柴油机的排烟主要有黑烟、蓝烟和白烟,其排烟的多少以烟度来表征。常用的烟度计(Smoke Meter)有滤纸式烟度计和不透光烟度计两种。

1. 滤纸式烟度计

滤纸式烟度计是一种用滤纸收集排烟，再比较滤纸表面对光的反射率来测量烟度的仪器。

（1）烟度值定义　滤纸染黑的程度不同，则对照射到滤纸表面光线的反射能力不同。据此烟度值 S_F 可表示为

$$S_F = 10 \times \left(1 - \frac{R_O}{R_C}\right) \tag{8-1}$$

式中　S_F——滤纸式烟度值；

R_O——污染滤纸的反射因数；

R_C——洁白滤纸的反射因数。

R_C/R_O 的值由 0 到 100%，分别对应于全黑滤纸的反射和洁白标准滤纸的反射。当污染滤纸为全黑时，烟度值为 100；当滤纸无污染时，烟度值为 0。

（2）滤纸式烟度计的主要组成　滤纸式烟度计主要由取样装置、检测与指示装置和控制装置组成，如图 8-6 所示。

1）取样装置。该装置由取样探头、活塞式抽气泵、取样软管和清洗机构等组成。

2）检测与指示装置。该装置由光电传感器、指示电表或数字显示器、滤纸和标准烟样等组成。

3）控制装置。半自动和全自动滤纸式烟度计的控制装置，包括用脚操纵的抽气泵脚踏开关和滤纸进给机构。

（3）滤纸式烟度计的检测原理　滤纸式烟度计的检测原理图如图 8-7 所示，由于滤纸

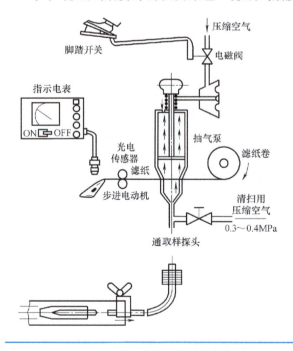

▲ 图 8-6　滤纸式烟度计的结构简图

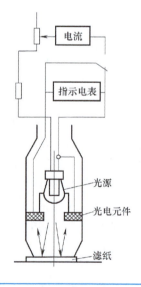

▲ 图 8-7　滤纸式烟度计的检测原理图

染黑的程度不同，则对照射到滤纸表面光线的反射能力不同，反射光照射至硒光电池上，产生电流，此信号用来指示烟度值大小。

2. 不透光烟度计

（1）不透光烟度计的类型　不透光烟度计（Smoke Opacimeter）又称为消光式烟度计，是一种根据光在排气中被烟气消减的程度来测量烟度的仪器。不透光烟度计可分为全流式和分流式两类，如图8-8及图8-9所示。全流式不透光烟度计通过测量全部排气的透光衰减率来检测烟度；而分流式不透光烟度计是通过测量由取样管引入的部分烟气的透光衰减率来检测烟度。

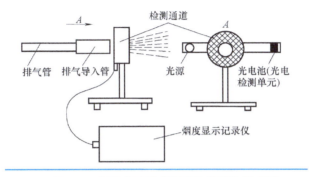

▲ 图8-8　全流式不透光烟度计的结构原理图

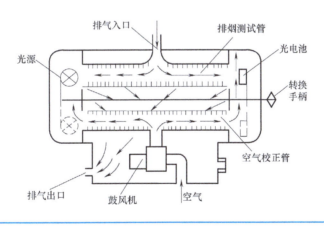

▲ 图8-9　分流式不透光烟度计的结构原理图

（2）不透光烟度计的基本检测原理　不透光烟度计的检测原理示意图如图8-10所示。使光通过被测烟的特定的长度，用到达光接收器的入射光的强弱作为被测烟对光的吸收能力的评价。当柴油机排出的烟尘越浓时，通过测量室的光能衰减就越大，经光电转换

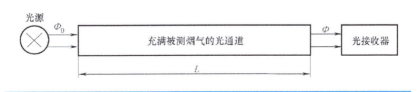

▲ 图8-10　不透光烟度计的工作原理示意图

器转换的光电信号就越弱;反之,当柴油机排出的烟尘不浓时,通过测量室的光能衰减就小,经光电转换器转换的光电信号就越强,测试光电信号便可得知柴油机烟度的大小。采用光吸收系数 K 作为评价指标。

$$\Phi = \Phi_0 \mathrm{e}^{-KL} \tag{8-2}$$

式中　Φ_0——入射光通量（lm）；

　　　Φ——出射光通量（lm）；

　　　K——光吸收系数；

　　　L——光通道有效长度（m）。

由式（8-2）可得

$$K = -\frac{1}{L}\ln\frac{\Phi}{\Phi_0} \tag{8-3}$$

由于我国新的排放标准中用光吸收系数作为柴油机排放烟度的评价指标,因此不透光烟度计应使用光吸收系数作为计量单位,它是一种光吸收的绝对单位。

但有的不透光烟度计用不透光度作为计量单位,其不透光度是指光线被排烟吸收而不能到达光接收器的百分率。仪表的不透光度可用下式换算为光吸收系数:

$$K = -\frac{1}{L}\ln\left(1-\frac{N}{100}\right) \tag{8-4}$$

式中　N——不透光度读数（%）；

　　　K——相应的光吸收系数值。

两种计量单位的刻度范围均以光全通过时为零,光全吸收时为满量程,即烟气完全不吸光时,$N=0$,$K=0$；光线完全被烟气吸收时,$N=100$ 时,$K=\infty$。

3. 柴油机排放污染物检测方法

1) 按 "↑" 键开始测试,屏幕将提示 "请将探头放于清洁处,准备校准",仪器延时4s后将自动进行校准操作,并提示 "正在校准,请稍等",校准过程约需3s。

2) 校准完成后,仪器将提示 "校准完成,请插入探头并保持怠速",此时应先将车辆加速踏板连续踩下至少三次,使排气系统和发动机内积累的烟尘全部排出。

3) 怠速检测完成后,仪器将提示 "请加速",可开始进行自由加速试验;迅速踩下加速踏板,使发动机急剧加速至最高额定转速,并保持该转速,直至屏幕提示 "请减至怠速,并保持" 为止（操作人员在远离仪器而看不到提示的情况下,可保持最高转速约3s即可）,然后立即松开加速踏板,使发动机恢复至怠速状态。

4) 一次测试结束后会自动转入下一次测试,仪器将显示 "请加速",操作人员可重新开始另一次自由加速试验,此时可重复3)操作。

5) 按照GB 3847—2005的规定,在用车自由加速试验应重复三次,并将这三次峰值的算术平均值作为测量结果。

6) 测量完成后,将取样探头从排气管中取出,将测量单元放回清洁处。

任务实施

根据汽车环保检测线的要求,针对发动机排放进行检测。由于汽油机与柴油机检测设备不同,需要分别进行检测,表 8-4 以汽油车排放检测流程为例进行介绍。

表 8-4　汽油车排放检测操作流程

一、检测前工位准备		
操作步骤	操作方法与流程	示意图
1. 试验台的准备	1)按使用说明书的要求对仪器进行各项检查工作 2)进行滤芯、滤纸、排水滤芯的清洁,如有必要进行更换 3)用标准气样进行仪器校准 4)安装取样探头和导管 5)接通电源对分析仪预热 30min 以上	

(续)

一、检测前工位准备		
操作步骤	操作方法与流程	示意图
2. 被检汽车的准备	1)进气系统应装有空气滤清器,排气系统应装有排气消声器,不得有泄漏 2)发动机冷却液温度达到85℃,润滑油温度达到规定的热状态 3)按汽车使用说明书规定的调整法,调整好急速和点火正时	

二、检测方法及流程		
操作步骤	操作方法与流程	示意图
检测流程	1)起动发动机,并加速至额定转速的70%左右,急速预热至85℃ 2)将废气分析仪的电源开关、气泵开关打开,设定发动机的最高转速值,测量方法设为双急速,相关测量参数根据具体情况调整 3)将废气分析仪的转速测量夹头夹在发动机第一缸点火高压线上,注意夹头所示方向要指向火花塞 4)将废气分析仪的温度测量测头插入发动机机油标尺孔中 5)发动机转速降至额定急速转速,将废气采样管插入排气管中,深度不小于400mm。根据废气分析仪显示屏的提示,发动机在急速状态维持15s后开始读数,读取30s内的最高值和最低值,取其平均值为测量结果。若为多排气管时,取各排气管测量结果的算术平均值 6)改变发动机转速至高急速转速(为发动机最高转速值的40%),将废气采样管插入排气管中,深度不小于400mm。根据废气分析仪显示屏的提示,保持相应的时间,发动机在高急速状态维持15s后开始读数,读取30s内的最高值和最低值,取其平均值为测量结果。若为多排气管时,取各排气管测量结果的算术平均值 7)取样结束后,把取样探头从排气管中取出来,让它吸入新鲜空气5min,待仪器指针回到零点位后关掉电源	

（续）

三、检测结果记录及判定			
操作步骤	操作方法与流程		检测结论
记录检测结果	评价指标 / CO 含量 / CO 平均值 / HC 含量 / HC 平均值	数值记录（低怠速） / 数值记录（高怠速）	CO □合格 □不合格 HC □合格 □不合格

四、排放超标分析及调整		
操作步骤	操作方法与流程	示意图
1. 混合气过浓	混合气过浓意味着空气量不足，燃烧不完全，废气中 CO 的含量必然增高，为此需重点注意检查空气滤清器滤芯是否被灰尘堵塞影响发动机吸气；对于电控发动机，主要看电动燃油泵供油压力、喷油器的喷油量和燃油压力调节器是否损坏等	
2. 点火时刻失准	汽油机点火过迟，会使混合气燃烧不彻底，致使废气中 CO、HC 含量增加。为此，要按规定正确调整点火提前角，并检查怠速时真空点火提前角调节装置是否起作用，真空点火提前角调节装置膜片是否损坏等	
3. 冷却系统温度过低	温度过低会使燃油不能充分雾化燃烧，可使废气 CO、HC 含量增加。检查节温器工作是否失常，散热器容量是否过大、百叶窗是否能正常关闭等	

(续)

四、排放超标分析及调整		
操作步骤	操作方法与流程	示意图
4. 曲柄连杆机构磨损严重	气缸、活塞和活塞环等磨损严重,漏气增加,当压缩终了时,气缸内压力不足,混合气不能充分燃烧,也会造成废气中 CO、HC 的增加。为此,需要适时测量气缸压力,以便确定气缸及活塞组件的技术状况	

知识拓展

柴油车自由加速度烟度超标分析

当柴油车自由加速度烟度超过标准时,其主要原因是柴油机供油系统调整不当所致。此外,柴油机曲轴连杆机构的技术状况及柴油质量等对烟度排放也有影响。当柴油机烟度检测结果超标时可结合烟色分析判断故障原因。

1. 黑烟排放超量

柴油机黑烟排放超量,其故障多属于喷油量过大、雾化不良、各缸喷油量不均匀、喷油时刻过早、调速器失控和空气滤清器堵塞等。此外,柴油机冒黑烟还与柴油质量有关。为使着火性能良好,一般柴油机选用十六烷值为 40~45 的柴油为宜。若十六烷值超过 65,则柴油蒸发性变差,致使燃烧不彻底,工作时也可发生冒黑烟现象。

2. 蓝烟排放超量

蓝色烟雾一般是润滑油窜入燃烧室后燃烧而生成的。因此,发现蓝色烟雾后,首先要检查油底壳的油面高度是否超高,因为润滑油油面过高容易造成润滑油上窜。如果经检查油面高度正常,则可进一步检验气缸压缩力。若气缸压力低,则表明气缸、活塞和活塞环磨损,间隙增大,漏气增加润滑油上窜也比较严重。对于新车或刚刚大修过的汽车,一般不会因气缸间隙过大而引起润滑油上窜,往往是活塞环内、外切口(或切角)装反而引起润滑油上窜,必要时可解体发动机进气检查。此外,空气滤清器堵塞,会使气缸进气过程中阻力增加,进气不畅,气缸内有一定负压,也会将润滑油吸入燃烧室。因此,当出现冒蓝烟故障时,不要忘记对空气滤清器进行检查与清洁。

3. 白烟排放超量

燃油中含有水分或冷却液漏入气缸(气缸套有沙眼、裂纹,气缸垫损坏等),经炽热后化为蒸汽由排气管喷出,常被视为白烟。寒冷季节或雨天汽车露天停放,当初次起动时,排气管所冒白汽,往往是由于排汽消声器内积水被发动机废气加热蒸发造成的,在发动机起动运转正常后,水蒸气蒸发殆尽,症状也即消失,故不必考虑。柴油机喷油过迟、喷油压力低、雾化不良,可导致柴油未经充分燃烧即化作灰色烟雾排出。为此,当发现柴油机冒灰白色烟雾时，应及时检查喷油正时和喷油压力等是否符合标准。

 **评价反馈**

考核项目	评分标准	分值	小组互评（50%）	教师评价（50%）	小计
汽车排放污染物的形成机理及危害	能叙述	10			
汽车排放物的国家标准	能完整叙述	10			
废气分析仪的组成及工作原理	能叙述	10			
烟度计的组成及工作原理	能叙述	10			
熟练完成汽油机排放污染物的检测	能熟练操作	10			
熟练完成柴油机排放污染物的检测	能熟练操作	10			
能根据检测结果，对排放不合格的车辆进行维修调整	懂操作、会操作	10			
规范实训操作	是否规范	10			
活动参与	积极主动	5			
劳动纪律	严格遵守	5			
团队合作	是否和谐	5			
现场7S	是否进行	5			
总评		100			

教师签名：_____　　　　　　　　　　　　____年____月____日

任务二　汽车噪声检测

 任务目标

1. 掌握汽车噪声的产生机理及危害；
2. 掌握汽车噪声的评价指标及国家标准；
3. 掌握声级计的构成及工作原理；
4. 能熟练地使用声级计检测汽车不同部位的噪声；
5. 能在指定工位上熟练完成喇叭噪声检测，读取检测结果；
6. 能根据检测结果确定喇叭噪声是否合格，并能对喇叭进行维修调整或更换。

 **任务描述**

汽车噪声过大，易造成人体的生理改变和损伤，而且会对心理、生活和工作产生不

利影响。随着我国车辆保有量的逐年增加，汽车噪声控制纳入了交通环境保护的范畴。在用车辆的年检及新制造车辆审定，都需要进行噪声检测，尤其是汽车喇叭噪声检测。

一、汽车噪声的危害及来源

汽车是一个综合噪声源，汽车行驶中所产生的这种综合的声辐射称为汽车噪声。汽车噪声的噪声源主要包括发动机噪声、传动系统噪声、制动噪声、轮胎噪声和喇叭噪声等。汽车噪声的污染源主要是发动机噪声。

1. 发动机噪声

发动机噪声主要包括燃烧噪声、机械噪声、进排气噪声和风扇噪声等。

燃烧噪声是指可燃混合气燃烧时产生的气体压力激励发动机结构所产生的噪声。

机械噪声是指发动机零部件做往复运动和旋转运动产生的周期力对发动机结构产生的噪声。

进排气噪声是由于发动机在进、排气过程中的气体压力波动和气体流动所引起的振动而产生的噪声。

风扇噪声是指冷却系统风扇或风冷发动机风机产生的空气动力噪声。

2. 传动系统噪声

传动系统噪声包括变速器噪声、传动轴噪声及驱动桥噪声。

变速器噪声主要是因齿轮振动引起的噪声，以及轴承运转声、润滑油搅拌声、发动机振动声传至变速器箱体而辐射的噪声等。

传动轴噪声主要表现为汽车行驶中传动轴发出周期性响声。车速越高响声越严重，甚至引起车身发生抖动、驾驶人握转向盘的手有麻木感，这是由于传动轴变形、轴承松旷及装配不良等原因造成的。

驱动桥噪声主要表现为汽车行驶时车后部发出较大的响声，且车速越高响声越大。主要是齿隙不合适、齿轮装配不当和轴承调整不当等原因造成的。

3. 制动噪声

制动噪声是汽车制动过程中由制动器摩擦诱发引起制动器等部件振动发出的声响，通常称为制动尖叫声。这种尖叫声类似猪嚎声，特别是制动器由热态转为冷态时更容易产生这种噪声。该高频噪声不仅影响汽车的舒适性，还会给驾驶人带来不必要的担心。

鼓式制动器比盘式制动器产生的噪声大。通常发生在制动蹄摩擦片端部和根部与制动鼓接触的情况下。其噪声大小取决于制动蹄摩擦片长度方向上的压力分布规律，还受制动系统及零部件刚度的影响。

4. 轮胎噪声

轮胎噪声包括轮胎花纹噪声、道路噪声、弹性振动噪声以及轮胎旋转时搅动空气引起的风噪声。

花纹噪声和道路噪声都是轮胎和路面相互作用而产生的噪声。当汽车行驶时，轮胎接地部分胎面花纹沟槽内的空气以及路面的微小凹凸与地面间的空气，在轮胎离开地面时，受到一类似于泵的挤压作用引起周围空气压力变化，从而产生噪声。

弹性振动噪声是由于轮胎不平衡、胎面花纹刚度变化或路面凹凸不平等原因激发胎体振动而产生的噪声。

影响轮胎噪声的因素主要有：轮胎花纹、车速及负荷、轮胎气压、装配情况、轮胎磨损程度和路面状况等。

由于车辆噪声为游走性的，影响范围大，干扰时间长，因而受害人员多。据有关资料介绍，噪声会使人的听力减弱、视觉功能下降、神经衰弱、血压变化和胃肠道出现消化功能障碍，甚至影响人的睡眠、谈话、学习、工作和情绪等。

二、噪声评价指标及检测标准

1. 噪声评价指标

（1）噪声的声压和声压级　噪声的主要物理参数有声压与声压级、声强与声强级和声功率与声功率级。其中声压与声压级是表示声音强弱最基本的参数。

声压是指由于声波的存在引起在弹性介质中压力的变化值。声音的强弱取决于声压，声压越大听到的声音越强。人耳可以听到的声压范围是 $2×10^{-5}$（听阈声压）~ $2×10$ Pa（痛阈声压），相差 100 万倍，因此用声压的绝对值表示声音的强弱会感到很不方便，所以人们常用声压级来表示声音的强弱。

声压级是指某点的声压 p 与基准声压（听阈声压）p_0 的比值取常用对数再乘以 20 的值 $L_p = 20\lg \dfrac{p}{p_0}$，单位为分贝 [dB（A）]。可闻声声压级范围为 0~120dB（A）。

（2）噪声的频谱　人耳对声音的感觉不仅与声压有关，而且还与声音的频率有关。人耳可闻声音的频率范围为 20~20000Hz。一般的声源，并不是仅发出单一频率的声音，而是发出具有很多频率成分的复杂声音。声音听起来之所以会有很大的差别，是因为它们的组成成分不同。因此，为全面了解一个声源的特性，仅知道它在某一频率下的声压级和声功率级是不够的，还必须知道它的各种频率成分和相应的声音强度，这就是频谱分析。

（3）噪声级　声压级相同的声音，由于频率不同，听起来并不一样响；相反，不同频率的声音，虽然声压级也不同，但有时听起来却一样响。因此，用声压级测定声音强弱与人们的生理感觉往往不一样。因而，对噪声的评价常采用与人耳生理感觉相适应的指标。

为了模拟人耳在不同频率有不同的灵敏性，在声级计内设有一种能够模拟人耳的听觉特性，把电信号修正为与听觉近似值的网络，这种网络称作计权网络。通过计权网络测得的声压级，已不再是客观物理量的声压级，而是经过听感修正的声压级，称作计权声级或噪声级。

国际电工委员会（IEC）对声学仪器规定了 A、B、C 等几种国际标准频率计权网络，它们是参考国际标准等响曲线而设计的。由于 A 计权网络的特性曲线接近人耳的听感特性，故目前普遍采用 A 计权网络对噪声进行测量和评价，记作 dB（A）。

2. 汽车噪声检验标准

GB 1495—2002《汽车加速行驶车外噪声限值及测量方法》对车外最大噪声级及其测量方法做了规定。当汽车加速行驶时，其车外最大噪声级不应超过表 8-5 规定的限值。其中，GVM 为最大总质量（t），P 为发动机额定功率（kW）。

表 8-5 汽车加速行驶车外噪声限值

汽车分类	噪声限值/dB（A）	
	第一阶段 2002 年 10 月 1 日～2004 年 12 月 30 日期间生产的汽车	第二阶段 2005 年 1 月 1 日以后生产的汽车
M1	77	74
M2（GVM≤3.5t），或 N1（GVM≤3.5t）： GVM≤2t 2t<GVM≤3.5t	78 79	76 77
M2（3.5t<GVM≤5t），或 M3（GVM>5t）： $P<150kW$ $P\geq 150kW$	82 85	80 83
N2（3.5t<GVM≤12t），或 N3（GVM>12t）： $P<75kW$ $75kW\leq P\leq 150kW$ $P\geq 150kW$	83 86 88	81 83 84

注：1. M1、M2（GVM≤3.5t）和 N1 类汽车装用直喷式柴油机，其限值增加 1dB（A）。
    2. 对于越野汽车，其 GVM>2t 时：
        如果 $P<150kW$，其限值增加 1dB（A）；
        如果 $P\geq 150kW$，其限值增加 2dB（A）。
    3. M1 类汽车，若其变速器前进档多于四个，$P>140kW$，P/GVM 之比大于 75kW/t，并且用第三档测试时其尾端出线的速度大于 61km/h，则其限值增加 1dB（A）。

三、汽车噪声检测设备及原理

1. 声级计外部结构

在汽车噪声的测量方法中，国家标准规定使用的仪器是声级计。声级计是一种能把噪声以近似于人耳听觉特性测定其噪声级的仪器。可以用来检测机动车的行驶噪声、排气噪声和喇叭声音响度级。

根据测量精度不同，声级计可分为精密声级计和普通声级计两类，根据所用电源的不同，可分为交流式声级计和直流式声级计两类。后者也可以称为便携式声级计，其具有体积小、重量轻和现场使用方便等特点。

普通声级计外部由电源开关、显示器、量程开关、传声器、灵敏度调节电位计、读数/保持开关、复位按钮和时间计权开关等组成，如图 8-11 所示。

2. 声级计的工作原理

声级计一般由传声器、前置放大器、衰减器、计权网络、检波电路、数字显示器和 A-D 转换器等组成。其结构原理框图如图 8-12 所示，各个部分功能如下：

（1）传声器　传声器也叫作话筒或麦克风，是将声压信号（机械能）转变为电信号（电能）的传感器，是声级计中的关键元器件之一。

（2）前置放大器　前置放大器是将传声器输出的微弱电压信号放大，以满足指示仪器的需要。其工作原理与结构和一般通用的放大器基本相似。

（3）衰减器　输入衰减器和输出衰减器是用来改变输入信号的衰减量和输出信号衰减量的，以便使表头指针指在适当的位置上。

（4）计权网络　为了模拟人耳听觉在不同频率有不同的灵敏性，在声级计内设有一种能够模拟人耳的听觉特性，把电信号修正为与听感近似值的网络，这种网络叫作计权网络。

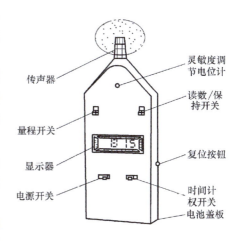

▲ 图 8-11　声级计外部结构图

（5）检波电路　检波电路也称为有效值检波电路，它能使仪表的指示值与信号中各频率成分的声能按一定的比例关系显示出来。

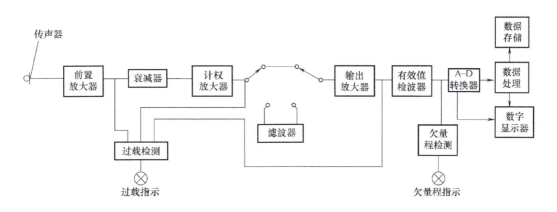

▲ 图 8-12　声级计原理框图

（6）A-D 转换器　模拟信号-数字信号转换。

（7）数字显示器　检测过程数据的显示。

声级计工作原理：测试电容传声器将被测声信号转换成电信号，经前置放大器阻抗变换后，经过衰减和放大，再经频率计权和滤波，再由检波电路（通常为对数有效值检波电路）将交流信号转换为直流信号，经 A-D 转换和数据处理电路，一方面由数字显示器显示声压级测量结果，另一方面将测量数据送给数据存储电路。

四、汽车噪声检测类型及方法

根据营运车辆的实际情况，主要检验和控制汽车定置噪声、客车车内噪声、驾驶人耳旁噪声及喇叭声级等。

（1）汽车定置噪声的测量　汽车定置噪声是指车辆不行驶，发动机处于空载运行状态时的噪声。汽车定置噪声测量按 GB/T 14365—1993《声学-机动车辆定置噪声测量方法》的规定进行。图 8-13、图 8-14 所示为排气噪声与发动机噪声检测场地与方法。

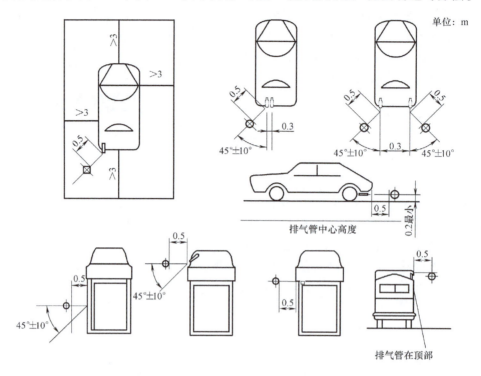

▲ 图 8-13　汽车定置排气噪声测量场地和传声器位置

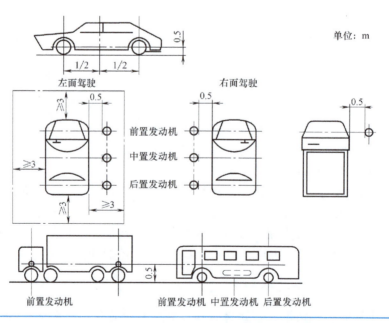

▲ 图 8-14　汽车定置发动机噪声测量场地和传声器位置

⊕——传声器位置

① 测量仪器应采用精密声级计。

② 测量场地应为开阔的，由混凝土、沥青等坚硬材料构筑的平坦地面，其边缘距车辆外廓至少 3m。除测量人员和驾驶人外，测量现场不得有影响测量的其他人员。

③ 背景噪声应比所测车辆噪声至少低 10dB（A）。背景噪声是指测量对象噪声不存在时，周围环境的噪声。

④ 当测量时，变速器应挂空档，拉紧驻车制动器，离合器接合。

（2）汽车加速行驶噪声的测量 汽车加速行驶噪声的测量按 GB 1495—2016《汽车加速行驶车外噪声限值及测量方法》的规定进行。图 8-15 所示为车外加速行驶噪声测量场地和测量区及传声器的布置。

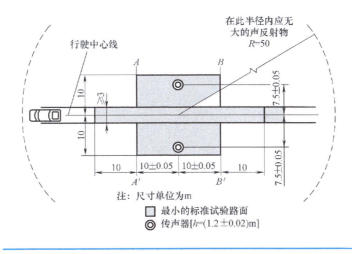

▲ 图 8-15 车外加速行驶噪声测量场地和测量区及传声器的布置

h—扬声器安装垂直高度

（3）车内噪声检测方法 车内噪声的测量可按 GB/T 18697—2002《声学-汽车车内噪声测量方法》的规定执行。乘客处与驾驶人处噪声检测如图 8-16 所示。

（4）汽车喇叭声级检测方法 为了使汽车喇叭起到警示功能，喇叭声不能过低；但为了减少喇叭噪声对城市环境的影响，喇叭声级又不能过高。因此应适当控制汽车喇叭声级。

当测量汽车喇叭声级时，应将声级计置于距汽车前 2m、离地高 1.2m 处，其传声器朝向汽车，轴线与汽车纵轴线平行，如图 8-17 所示。在这种情况下测得的喇叭声级应在 90~115dB（A）的范围内。

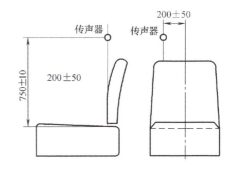

▲ 图 8-16 乘客处与驾驶人处噪声检测

任务实施

根据汽车安全环保检测线工位布置情况，对安全检测项目的喇叭噪声进行检测，检测具体流程见表8-6。

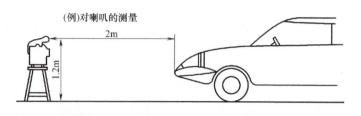

▲ 图8-17 喇叭噪声检测位置方法

表8-6 汽车喇叭噪声检测流程

一、检测前工位准备		
操作步骤	操作方法与流程	示意图
1. 被检汽车的准备	1）轮胎气压应符合汽车制造厂的规定，汽车各系统在正常状态 2）车辆停在检测工位上，关闭发动机，拉起驻车制动	
2. 声级计的安装及检查	1）当测量汽车喇叭声级时，应将声级计置于距汽车前2m、离地高1.2m处，其传声器朝向汽车，轴线与汽车纵轴线平行 2）打开电池盖板，按电极正负正确放入电池，扣好电池盖板 3）拨"开关"按键到"开"位置，接通电源，检查电池电压，如显示屏显示电压充足，仪器即可用于测量，否则应更换电池	

二、检测方法及流程		
操作步骤	操作方法与流程	示意图
检测流程	1）当检测线LED显示屏出现"喇叭检测"指令时，被检车辆沿地面引车线缓慢向前行驶，调整车辆停车位置 2）待LED显示屏显示"按下喇叭3s"指令时，检验员按下汽车喇叭，持续约5s。一般可以检测两次，两次数值均不超过上限 3）LED显示屏显示喇叭声级检测结果后，检测结束	开机/复位 显示器

三、检测结果记录与分析		
操作步骤	操作方法与流程		结果分析
记录检测结果	评价指标	数值记录	喇叭噪声检测数值过小，起不到警示作用；喇叭噪声检测数值过大，产生噪声，影响人类生活，应在90~115dB(A)范围内为宜。当检测到其他数值时，均需对喇叭进行调整或更换
	喇叭噪声/[dB(A)]		
	结论（合格否）	□合格 □不合格	

汽车噪声控制措施

1. 燃烧噪声控制

汽油机可以采取消除爆燃和表面点火的方法降低燃烧噪声。

2. 发动机机械噪声控制

可采用活塞销孔偏置和减小活塞冷态配缸间隙的方法降低活塞敲击噪声；提高齿轮的加工、安装精度，改变齿轮的技术参数和采用良好的机油以及采用传动带替代齿啮合都可良好地降低齿啮合噪声。

3. 风扇噪声控制

可采用叶片的不等间隔布置，缩小风扇叶尖和风罩之间的间隙，风扇面积和散热器面积应相互协调，采用弯曲叶尖叶片，用塑料风扇代替钢板风扇，并应使用风扇自动离合器等方式降低噪声。

4. 进气噪声控制

采用光滑的进气管道，提高加工制造工艺，缩短管道长度，避免管长等于 1/4 波长奇数倍的频率。

5. 排气噪声控制

安装排气消声器。

6. 发动机液体动力噪声控制

将汽油机的电动燃油泵安装在油箱内。对于柴油机高压油管，要防共振和驻波两种现象。

7. 齿轮噪声控制

设计中增加齿轮重合度、增加齿宽、增加模数，提高齿轮的加工、安装精度，加强润滑。

8. 轴承噪声控制

提高轴承的精度，合理设计安装预紧力，维护好润滑系统，防止灰尘、杂质等进入轴承。

9. 传动轴噪声控制

采用无缝钢管材料，提高轴管加工质量，进行动平衡检查，用等速万向节代替不等速万向节，保持各润滑点的润滑。

10. 轮胎噪声控制

在同种花纹条件下，采用窄轮胎结构，合适的花纹高度；采用子午线轮胎，降低汽车总质量，磨损的轮胎要及时翻新和更换。

11. 车身噪声控制

可使用加强肋提高板件强度，也可加装阻尼带或粘贴减振材料。

考核项目	评分标准	分值	小组互评（50%）	教师评价（50%）	小计
汽车噪声的产生机理及危害	能叙述	10			
汽车噪声的评价指标及国家标准	能完整叙述	10			
声级计的构成及工作原理	能完整叙述	10			
汽车不同部位的噪声检测方法	能叙述	10			
熟练完成喇叭噪声检测并读取检测结果	能熟练操作	10			
能根据检测结果，确定喇叭噪声是否合格	能分析、会判断	10			
能熟练完成喇叭的维修调整或更换	懂操作、会操作	10			
规范实训操作	是否规范	10			
活动参与	积极主动	5			
劳动纪律	严格遵守	5			
团队合作	是否和谐	5			
现场7S	是否进行	5			
总评		100			

教师签名：_____　　　　　　　　　　　　　　　____年____月____日

练习与思考题

一、选择题

1. 自由加速试验（滤纸烟度法）测量结果，当汽车发动机出现黑烟冒出排气管的时间和抽气泵开始抽气的时间不同步的现象时，应取（　　）。

A. 最大烟度值　　B. 最小烟度值　　C. 平均烟度值　　D. 随机烟度值

2. 双排气管的汽油车测量怠速污染物排放值应取（　　）。

A. 两排气管污染物排放值之和

B. 两排气管污染物排放值之差

C. 两排气管污染物排放值中的大者

D. 两排气管污染物排放值平均值

3. 在进行汽油车排放污染物测量时，取样管的插入深度为（　　）。

A. 300mm　　B. 400mm　　C. 3m　　D. 6m

4. 某尾气检测员在测量柴油车自由加速滤纸烟度时，未把踏板开关安装在加速踏板上，而是由手操纵，以致黑烟冒出排气管的时间和抽气泵开始抽气的时间不同步，现测得如下数据：（单位：Rb）3.7、4.2、4.3、3.8，则该车烟度值应为（　　）。

A. 4.0　　　　　　B. 4.1　　　　　　C. 4.3　　　　　　D. 3.8

二、填空题

1. 排放检测的三种方法_____、_____、_____。

2. 排放中含有的污染物主要有_____、_____、_____、_____、_____及_____。

3. 噪声污染对人、动物、仪器仪表以及建筑物均构成危害，其危害程度主要取决于_____、_____、_____。

4. 噪声污染主要来源于_____、_____、_____、_____、_____等。

三、简答题

1. 简述汽车排放物的危害。

2. 简述 NDIR 分析仪的工作原理。

3. 简述滤纸式烟度计的工作原理。

4. 简述 NDIR 分析仪检测汽油机汽车排放的方法流程。

5. 简述双怠速工况法的操作流程。

6. 测加速行驶的车外噪声时为何要用声级计的快档？测匀速行驶的车内噪声时为何要用声级计的慢档？

7. 环境的本底噪声为何必须比所测汽车的噪声级低 10dB（A）？

参 考 文 献

[1] 仇雅莉. 汽车性能与检测技术 [M]. 北京：机械工业出版社，2014.
[2] 胡光辉. 汽车性能检测与故障诊断 [M]. 北京：机械工业出版社，2008.
[3] 周龙保. 内燃机学 [M]. 2版. 北京：机械工业出版社，2005.
[4] 王秀贞. 汽车检测技术 [M]. 北京：机械工业出版社，2011.
[5] 董继明，罗灯明. 汽车检测与诊断技术 [M]. 北京：机械工业出版社，2011.
[6] 季小峰，严军. 汽车性能与检测 [M]. 北京：中国劳动社会保障出版社，2015.
[7] 赵英勋. 汽车检测与诊断技术 [M]. 北京：机械工业出版社，2012.
[8] 陈焕江. 汽车检测与诊断 [M]. 北京：机械工业出版社，2012.
[9] 庞剑，谌刚，何华. 汽车噪声与振动 [M]. 北京：北京理工大学出版社，2006.
[10] 盛美萍，等. 噪声与振动控制技术基础 [M]. 北京：科学出版社，2001.